高中化学教学方法与策略

李　越　著

中国原子能出版社

图书在版编目（CIP）数据

高中化学教学方法与策略 / 李越著. --北京：中国原子能出版社，2023.7

ISBN 978-7-5221-2868-9

Ⅰ.①高⋯ Ⅱ.①李⋯ Ⅲ.①中学化学课–高中–教学参考资料 Ⅳ.①G633.83

中国国家版本馆 CIP 数据核字（2023）第 143497 号

高中化学教学方法与策略

出版发行	中国原子能出版社（北京市海淀区阜成路 43 号　100048）
责任编辑	杨　青
责任印制	赵　明
印　　刷	北京天恒嘉业印刷有限公司
经　　销	全国新华书店
开　　本	787 mm×1092 mm　1/16
印　　张	11.75
字　　数	205 千字
版　　次	2023 年 7 月第 1 版　2023 年 7 月第 1 次印刷
书　　号	ISBN 978-7-5221-2868-9　　定　价　**72.00 元**

发行电话：010-68452845　　　　　　　　版权所有　侵权必究

前　言

　　普通高中教育是连接基础教育与高等教育的重要枢纽，是国民教育体系中承上启下的关键一环。推进教学方式方法改革，对于提高高中教育教学质量，促进高中多样化特色发展，满足不同性格秉性、不同兴趣特长、不同素质潜力学生的教育需求等都具有重要意义。

　　化学是一门以实验为基础的基础自然学科，实验教学能为学生正确认识物质及其变化规律提供实验事实，它具有目的性、探索性、现实性和易感知性。化学实验是化学教育的一种有效的教学形式，它可以帮助学生建立和巩固化学基本概念和基本理论，获取化学知识。现行实验教材中的实验教学内容不是单独另立的，而是穿插在基本理论、基本概念、元素化合物和化学计算等内容之中的，方便了学生的学习活动，保证了学生学习过程的统一性和完整性。最主要的是，它还可以培养学生的科学素养（科学素养的内涵：一是指有学识、有学养，跟学者有关；另一类是指能够阅读，能够书写，对象一般是普通大众），而科学素养的培养，最终的目的是要培养学生科学的学习方法和思维方法。

　　本书第一章讲述了高中化学教学理论，主要包括指导化学教学的基础理论、化学教学特征与教学原则、化学教学过程与教学方法；第二章讲述了化学课堂教学设计的基本内容，主要包括化学课堂教学设计的含义、化学课堂教学设计的基本要求、化学课堂教学设计的原则、化学课堂教学设计的内容、化学教学设计问题及对策；第三章介绍了新课程改革与化学教学策略，主要包括化学教师新课程改革面临的问题与对策、新课程改革下的化学教师职业素质、化学教学中常用的教学策略；第四章讲述了多种教学模式在高中化学教学的应用，主要包括形式多样的教学模式在高中化学教学的应用、开放式课堂在高中化学教学的应用；第五章讲述了高中化学探究式教学，主要包括探究式教学的特征、探究式教学的设计、探究式教学的实施；第六章讲述了类比迁移与发散思维在高中化学教学的应用，主要包括类比迁移在高中化学教学的应用、发散思维在高中化学教学的应用；第七章讲述了高中化学教学中学科核心素养的培养，主要包括高中化学核心素养综述、高中化学教学与德育教育结合、高中化学教育与培养学生创新意识结合；第八章介绍了育人目标在教学中的有效融入，主要包括高中化学育人价值体系的建构、化学育人价值的内容体系、化学育人的价值实现。

在撰写本书的过程中，作者得到了相关专家、学者的帮助和指导，在此表示真诚的感谢！本书内容全面，条理清晰，但限于作者水平有限，书中难免存在一些疏漏之处，恳请各位读者批评、指正！

目　录

第一章

高中化学教学理论

本章主要讲述了高中化学教学理论，主要分为三部分内容，分别是指导化学教学的基础理论、化学教学特征与教学原则、化学教学过程与教学方法。

第一节　指导化学教学的基础理论

一、学习理论

学习理论试图解释学习是怎样发生的，包括它有哪些规律、它是怎样的一个过程、如何才能进行有效的学习等。由于个人的观点、学科背景、研究方法等的不同，形成了不同的学习理论流派。下面将介绍三大学习理论，分别是行为主义学习理论、认知主义学习理论和建构主义学习理论。

（一）行为主义学习理论

行为主义由美国著名心理学家华生创立。动物学习相关实验研究是行为主义学习理论的基础和前提，主要是通过对动物学习过程中所发生的一些变化和规律，来推断人类在具体学习过程中会呈现出的行为和规律，从而对学习理论进行进一步的概括和总结。在行为主义中，学习是 S-R 的联结，其中，S 是指外界对学习个体所带来的刺激，R 则是指个体所产生的行为反应。

行为主义学习理论主要有华生的刺激－反应说、斯金纳的操作学习理论等。

1. 华生的刺激－反应说

华生认为，学习个体所实现的学习过程是条件刺激与反应相互联系的过程，也就是形成行为习惯的过程。毕生认为，人与动物的学习行为在一定程度上存在一致性，关键都在于形成习惯。人的各种习惯主要包含"言语的习惯""肢体的习惯"，这些都需要借助条件反射构建 S-R 联结。华生基于经典性条件反射理论进行了非常有名的婴儿恐惧形成实验，让 11 个月大的婴儿面对老鼠，婴儿因为害怕，发出恐惧的声音。随着刺激次数的增加，婴儿的恐惧感不断增加。在实验结束前，婴儿对带有皮毛的动物都会产生较大的恐惧感。华生据此认为，经典性条件反射的建立是学习的核心和实质，也就是刺激与反应的联结（S-R），形成条件反射的过程也就是学习的过程，即形成 S-R 的过程。

2. 斯金纳的操作学习理论

斯金纳是美国著名学者，也是新行为主义的捍卫者和代表人物。他认为，行为主要包含两种：第一种是应答性，第二种是操作性。第一种主要是通过刺激的引导产生的，在一定程度上是被动的，第二种则是主动的。在确定引起反应的刺激时可能无法明确具体为哪种，在一定程度上这是有机体对所生存的环境产生的主动适应，也是心理学研究的范畴和主要内容。

斯金纳认为，应答性行为所能造就的是反应性条件反射，而另一种行为则带来的是操作性条件反射。斯金纳为了更好了解操作性条件反射，设计和发明了"斯金纳箱"，即把一只小白鼠放在箱子里，小白鼠偶然碰到实验者故意设置的杠杆，食物就会落下，经过多次尝试和强化，小白鼠就建立了按压杠杆的操作性条件反射，而其他行为如乱窜、乱跑则因缺乏强化不能保留下来。所以，斯金纳认为，操作和强化是建立或导致操作性条件反射的重要基础和有效因素。在实际教学过程中，行为主义学习理论认为强化是提高教学效果和质量的重要措施，是教学过程中应当重点关注的内容和核心。该理论认为教师应当及时肯定和表扬学生的行为，从而有效提高学生的学习热情，也应当尽量减少对学生的批评和惩罚，只有引导学生在学习过程中产生更正确的反应、减少错误的反应才能更好地提高教学效果。例如,教师问学生:"常温下,金属钠在空气中缓慢氧化生成了什么物质?"如果学生回答生成氧化钠,教师再给予肯定,那么"学习"就产生了。在这里,教师的问题起到刺激的作用,学生正确的回答就是反应,教师的肯定与表扬则是强化。因此,教师在教学中除了应该考虑如何在刺激和反应之间形成联系,更应该注意使刺激与反应之间的联系得到强化。

(二)认知主义学习理论

20 世纪 50～60 年代是认知心理学异军突起并逐渐兴盛的时代,相关学者借助信息加工观点来对学习过程和学习规律进行探讨。

1. 格式塔的顿悟——完形学习理论

20 世纪初,在德国诞生了格式塔学派,其中,苛勒、考夫卡、韦特海默是这一学派中非常具有代表性的人物。

格式塔的顿悟——完形学习理论建立在对黑猩猩的学习过程进行研究的基础上的,经过这一研究(叠箱实验:实验者将香蕉挂在天花板上,黑猩猩够不着,但是它发现周围的纸箱可以用,于是将几个纸箱叠起来,站在纸箱上就可以够得着香蕉。接竿实验:黑猩猩被关在笼子里,笼子外面放着香蕉,香蕉的旁边放着一根长竹竿,笼子里放着一根短竹竿,黑猩猩仅用短竹竿或长竹竿是够不着香蕉的,但是用短竹竿能够得着长竹竿,经过一番思考,黑猩猩把长竹竿划过来,再把两根竹竿接起来,这样就能够到香蕉),苛勒认为,黑猩猩之所以能够解决复杂的问题,是因为黑猩猩遇到问题时会审视周围的环境事物,并对刺激情境进行组织和反应,形成一个整体结构(完形)。当它突然理解纸箱或竹竿与香蕉之间的关系时,就会产生顿悟,从而找到解决问题的办法。因此,苛勒认为,学习是通过对学习情境中事物关系的理解而构成的一种完形实现的。

格式塔的顿悟——完形学习理论是指有机体在整个学习过程中,通过调动内部的组织活动(认知活动)来实现顿悟的有效过程,它不是不断尝试错误的过程。这一理论更加强调学习活动主要是由问题情境出发,进行知觉、学习和记忆等行为,而不是刺激–反应的联结。

2. 布鲁纳的认知——发现学习理论

布鲁纳是美国的教育心理学专家，他认为，学习过程实际是认知结构组织和重新组织的过程。所谓知识学习是指通过教学让学生在脑海中对所学的知识进行总结与梳理，形成知识结构的过程，这个过程也被布鲁纳称为编码系统。它是人们对外界进行感知的重要模式和有效途径，也是对新信息进行加工利用的有效依据。这个编码系统不但能接收外界信息和组织信息，还能在所得信息之上产生富有创造性的行为。各学科的知识结构是学生要掌握的主要内容，因此，让学生掌握各门学科的基本结构也是知识教学的主要目的。

布鲁纳认为学习过程是积极习得知识的过程，他也非常倡导对知识的发现学习。所谓发现学习实际上就是指学生在非课堂教学时间，通过阅读书籍或搜索材料的方式，经过自主独立的思考，在没有他人指导和帮助的情况下获得新知识的有效过程。发现学习对于学生的个人成长和发展有非常大的益处，能够有效激发学生的潜力，更好地调动学生的学习积极性和主动性。但是，他也同时认为，这一过程对学生本身有较高的要求，学生必须具备一定的天赋和素质，才能完成这一过程。比如，学生必须具备较强的逻辑分析能力、认知能力和善于发现的能力等。

（三）建构主义学习理论

建构主义认为学习是个建构过程，是通过新旧知识经验的相互作用来对知识建构机制进行解释。早在皮亚杰与维果茨基的理论中就已有了建构的思想，美国心理学家威特罗克可以被看作是建构主义学习理论的一个代表。现如今的建构主义者主张世界是客观存在的，但对世界的理解及对世界所赋予的意义，则是由个人决定的。建构主义学习理论认为，学习是学生通过新旧经验的双向作用建构自己的经验体系的过程，它的基本观点有知识观、学习观、学生观和教师观。

1. 建构主义的知识观

建构主义者强调，知识只是人们对客观世界的一种假设，并且这个假设会随着人们认识的深入而不断修正。而在具体的问题情境中，人们需要利用原有的知识经验对它进行加工和改造，再加上知识并不是以实体形式存在的，所以对于知识的理解,必须由学生自己独立建构。因此,知识并不是通过教师对知识进行讲解和传授,而是指学生在所处的情境下或在问题的引导下,通过自己的力量或借助外界的帮助,基于意义建构来主动获得。

2. 建构主义的学习观

学习是指在社会环境的影响下,通过自我努力或借助他人的支持与帮助,来对世界进行认知的意义建构过程。因此,意义建构、对话、协作、情境是影响学习的基本要素。意义构建是学生的学习过程所要实现的最终目标,学生相互之间的对话和协作以及学生与教师之间的对话和协作是学习这一过程必须要经过的阶段,而情境则是重要基础和有效条件。建构的意义主要是指事物的内在联系、规律和性质。在学习过程中要引导学生实现建构意义就是要通过教学过程帮助学生更好地了解事物性质,以及事物之间能够产生的内在联系和有效规律。

3. 建构主义的学生观

建构主义的学生观包含以下几点。

(1)强调学生的经验

这一理论认为,所谓知识是指个人对自己获取的经验进行合理化的结果,因此在实际开展学习过程时,学生所具有的知识经验对后续的学习有非常重要的影响。而且,学生不是空着脑袋进入教室的,由于已经积累了一定的生活经验,他们已经形成一些观念,所以,当问题摆在他们面前时,他们能用自己的认知能力对问题进行解释。所以,建构主义认为,教学要把学生现有的知识经验作为新知识的生长点,努力尝试引导学生从原有的知识经验中生成新的知识经验。

(2)注重以学生为中心

既然知识是学生主动建构的,那么,学生就必须主动地参与到学习过程中,并且要根据自己已有的经验来建构新知识的意义。所以,教学不是知识的传递,而是知识的处理和转换。教师并非简单的知识呈现者,更应重视学生对各种现象的理解,并以此为切入点,引导学生丰富或合理调整自己的理解。

(3)尊重学生的个人意见

正如上文所说,知识是个人经验合理化的结果,因此,这一理论在对知识概念进行区分时不强调和主张通过知识的正确与否来判断。

4. 建构主义的教师观

建构主义更加倡导和主张学生在教师的引导和帮助下，以自我为中心，开展学习活动。这一理论认为教师是学习过程中的促进者和帮助者，而不是对知识灌输和供给的人。

教师想要成为一个合格的帮助者，就应当在教学过程中更好地发挥自己的作用和价值。首先，教师应当充分调动学生的学习热情，让学生培养学习动力，增强学习动机；其次，教师需要通过创设合适的情境及向学生提供新旧知识之间的联系，让学生能够根据已有知识经验和信息提示自主建构知识的意义；最后，教师为了能够让学生的意义建构变得有效，应该在尽可能的条件下，组织学生合作学习。

二、教学理论

教学理论是在长期的教学实践中，通过不断对教学经验进行总结，并以教育基本理论、心理发展理论和学习理论作为重要基础，逐渐形成和发展起来的一种新理论。教学理论是指通过对教学过程中存在的问题和出现的现象进行分析研究，从而获得教学过程中的一般规律的过程。其通过对教学规律进行应用，更好地反馈和解决实际教学过程中存在的问题。化学教学理论和一般教学理论在一定程度上存在着较为密切的关系。20 世纪后半叶，教学理论得到了较为繁荣的发展，其中，具有代表性的一些教学理论对实际教学产生了相对较大影响，它们也成为化学教学过程中非常重要的指导理论和基础。

（一）斯金纳的程序教学理论

基于行为主义原理，斯金纳认为教学过程实际就是为了给学生提供一定的刺激，让学生产生相应的反应。因此，在教学过程中要不断具体化教学目标。斯金纳程序教学理论下的教学过程主要包含五个阶段。

（1）对想获得的行为表现进行具体阐释。要明确目标行为，明确期待获得的结果，并围绕此制定记录和测量行为的完善计划。

（2）对行为进行评估。要对行为进行观察，并且进行科学合理的记录。要明确行为频率，若实际研究需要，可以对行为的其他相关因素进行记录，如行为性质或该行为所产生的情境等。

（3）需要对相倚关系进行安排。要对环境进行设计，要优化安排方式，优化物的选择，从而明确塑造行为的具体规划。

（4）要对实施方案进行规划和设计。要对环境进行具体安排，并且加强对学生的引导，关注学生对具体要求的了解和掌握，从而有效塑造和强化行为安排方式。

（5）制定评价方案。在对行为反应进行观察和记录时，要充分重视测量行为、原有条件，并回归和落脚到相倚安排中。在对程序教学进行规划和设计时，需要充分参考教材本身所具有的逻辑程序，以此来降低学习错误率，同时也需要加强对教材的整合和优化设计，更好地凸显出教材的意义和价值。如斯金纳的一种教学程序（程序教学法），包括四个要素，分别是小步骤进行、呈现明显的反应、及时反馈和自定学习步调。

（二）布鲁姆的掌握学习理论

布鲁姆是美国教育家和心理学家，他的教学理论以新的教学评价理论和学生观为基础，吸取其他教学理论的合理之处，形成了自己的特色。布鲁姆发现，家庭和学校环境是决定儿童学习优劣的主要因素。他根据对影响学生学习因素进行的研究，认为只要提供适当的学习条件，大多数学生在学习能力、学习效率和学习兴趣、学习态度等方面的差异可以减小到很低的程度。他以此为基础，提出要"为掌握而学，为掌握而教"的教学理论。

布鲁姆的掌握教学理论在一定程度上是新传统主义教学流派教学理论的重要组成部分，其核心思想是：教师在对普通班级学生进行教学时，结合教材的单元构成和教学目标开展教学，同时开展形成性测验，结合具体反馈结果，帮助学生发现自己的不足，并积极进行改正，然后再次开展形成性测验，进一步明确学生对学习内容的了解和掌握情况，并且组织更具有针对性、更加科学合理的诊断和指导学习。经过以上程序，单元教学的任务已经完成，教师便可接着进行新单元的教学。按此往复，后续知识的学习总是建立在牢固掌握前面知识的基础上的，直至学完整个学期的教材，最后需要对掌握等级进行评定。通过个性反馈和整体教学反馈相结合，既能有效突出传统教学过程中所具有的特点和优势，也能在教学过程中充分尊重学生的个性差异，从而使班级集体的大多数学生都能获得较好的学习效果，取得较好的成绩，有效提高教学质量。掌握学习理论强调在教学中不断地、及时地进行反馈与矫正，通过经常的形成性测验不断获得及时的教学反馈信息，并据此为学生提供可供选择和补充的教学手段和材料。同时，教师要确保学生学习的"适当条件"，即必须使学生在学习前就具备必要的认知和情感条件，并使教学适合学生的实际需要。

（三）加涅的规划教学理论

加涅的教学论思想是以他自己的学习理论为基础的，学习理论主要涉及学习的过程、结果和条件等方面。加涅认为，不管是简单的学习还是复杂的学习，一般都包括八个阶段，分别为动机阶段、领会阶段、获得阶段、保持阶段、回忆阶段、概括阶段、操作阶段和反馈阶段。每个阶段都可以看作学习者中枢神经系统把信息从一种形式转换到另一种形式，直到在一种操作中得到反应的内部过程。内部学习过程受到外部环境的影响，这种环境通常是教师、教科书或其他资源通过语言的传递形成的。规划、设计、选择和监督这些外部环境的安排，以达到激活必要学习过程的目的，是教学管理者的任务。加涅认为，教学是复杂的，并且受到一些特殊情境的限制，所以一定要事先规划，教师在教学中最重要的工作就是使学生学习时得到帮助。

（四）罗杰斯的非指导性教学理论

罗杰斯是美国心理学家，人本主义代表人物之一。他认为，人具有非常有益的先天"潜能"，这种"潜能"只能在学生"内驱力"的本能驱动下自发形成，所以，教育要为学生的"潜能"的发展提供一种宽松、和谐的环境。人是会随着时间的变化而变化的，因此教育也不能一成不变，不能按照设定好的程序对学生进行限制，必须加强对学生学习状态和心理的了解，根据其心理状态和学习状态的变化而进行教学内容的调整。"非指导性"所强调的核心是突出以学生为教学中心，或以学生的经验为核心。

非指导性教学思想，强调人的"自我"意识，强调直觉能力和创造能力。在教学过程中，教师的角色是促进者，而不是权威者；学生处于自己的思想、热情和感觉中，努力研究自己，重建自己的人格，而不是背诵和重复权威的思想，然后在考试中还给教师；教学并非纯粹的情感过程，而是包含了大量的、对人格发展有作用的理智内容，教学要为学生提供日益增多的自我指导机会。

（五）巴班斯基的教学最优化理论

巴班斯基是苏联教育学家，他提出的"教学最优化"思想以马克思主义哲学和当代科学方法论为指导，以教育实验为基础，改造和吸收了教学教育理论的精华和苏联 20 世纪 60～70 年代教育革新的成果，形成了独树一帜的教育学派。"教学最优化"充分结合教学任务、教学目标，结合教师的实际教学情况和学生的学习状况，遵循基本的教育原则和一般规律，制定科学合理的教学方案。在实施教学方案的过程中更加灵活应变，在期待范围内的经历和时间下完成教学任务，获得好的教学效果和质量。

巴班斯基认为，"教学最优化"只有在教师思考的基础上才能实现，最优化思想与教学的教条主义是针锋相对的。掌握教学最优化思想将会促进教师创造个性的发展，增长他们的才干和提高教育工作的艺术性。具体来讲，"教学最优化"的要求主要有：首先，教师能够在一定的条件下，用最少的时间达到最好的效果；其次，教师应该能够精挑细选教学内容，让教学内容达到最优化；再次，教师在组织教学时，需要将班级、小组、个人以一定的方式结合起来，以让教学形式能够达到最好的状态；最后，教师要在特定的时间、内容下，遵循最优化原则，选择最合适的教学方法。

加德纳是美国著名的教育心理学家，他对智能进行了以下定义：能够在实际生活中对所经历的问题进行解决的能力，能够对问题进行提出并解决的素质，能够对所属文化提供更有意义的服务和创造的能力。

在 1983 年出版的《智力的结构：多元智能理论》一书中，加德纳认为人的智能是非常丰富多样的，可以分为逻辑/数理智能、语言/言语智能。在 1999 年，他又创造性地提出了人类的其他智能，包含人际交往方面的智能、节奏/音乐方面的智能、运动/身体方面的智能、自我反省和反思的智能、空间/视觉的智能、存在智能和自然观察智能。每个正常的人类都具有这些能力和素质，人们可以根据自己所拥有的特长尽情地开发和挖掘自身的潜能。由于智能的组合排列方式不同，因此，每个人都是多元智能的有机体，而不是仅仅通过纸笔测验可以测出来的、对问题分析和解答能力的个体。

第二节　化学教学特征与教学原则

在全面理解教学的基础上，化学教学就是教师根据课程目标和学科的教学特点，有目的、有计划、有组织地引导学生，使学生积极、主动地进行科学探究活动，并形成基本观念，掌握基础知识和技能，发展能力，端正态度，探究方法，形成科学世界观及全面发展其个性的过程。中学化学教学特征和原则是化学教学论研究中的基本理论问题，是进行化学教学实践活动的理论依据。只有正确认识和理解其特征和原则，才能真正地把握化学教学的特点和规律，从而有效地提高化学教学的质量，实现化学教学的目的和任务。

一、化学教学的特征

（一）以实验为基础

化学是以实验为基础的科学，实验室是开展化学教学的重要手段和有效方式，也是了解和研究化学科学的重要途径。在化学教学过程中，学生对知识的感知、理解、巩固和应用，都与实验密切相关。化学实验可以给学生提供生动而又直观的认识，进而使学生形成鲜明的感性认识；化学实验教学可以让学生掌握实验的基本方法和基本技能，培养观察、思考及科学探究的能力；化学实验教学还能培养学生实事求是、严肃认真的科学态度，提高其分析及解决问题的能力。因此，在化学教学中，教师应该让学生亲自做实验，在实验中观察各种现象，体验通过实验进行规律探究的化学活动；应结合化学实验事实及化学实验过程，让学生自主认识化学概念和理论是如何形成的；结合典型的化学历史事实，让学生了解化学科学的发展过程，感受科学家的探究过程；让学生尝试利用已学知识分析实验现象背后隐藏的原因，进而解决问题。

（二）化学用语

化学用语是对物质的结构、组成、变化规律的科学缩写，可以说，化学用语在一定程度上是我们学科所特有的语言，是在学习过程中进行交流的有效途径和工具，是人们对化学变化进行理解的符号表达。在对化学用语部分进行教学时要注重教学的特殊性，要区别于普通知识的教学，要充分体现其规律和特点。学生对化学用语的了解和掌握程度会影响学生的学习效果和质量，因此必须加强对化学用语教学的重视，引导学生更熟练的应用和表达。

（三）以化学基础理论为线索

化学事实与化学基础理论是中学化学教学的基本内容。在学习化学事实时，应以基础理论作为线索。在学习化学基础理论时，要密切联系化学事实，即以化学基础理论为线索，尤其是以物质结构理论为主线，把化学事实联系起来，使学生通过化学事实掌握物质的基本属性，从而深化对物质的组成、结构及其变化规律的认识，掌握系统的、结构化的化学知识。

（四）注重培养抽象、逻辑思维能力

化学基本概念和化学基础理论是化学教学的重要内容。对于这两部分内容的化学教学，一般是通过对化学现象和化学事实的感知，形成感性认识，而后经过对感性材料的思维加工，上升到理性认识。当学生掌握了一定的化学知识和技能后，就要分析、解决具体的问题。显然，在整个化学教学过程中，要使学生的认识由感性上升到理性，抽象思维至关重要；再由理论回到实践，学生则需要运用推理、判断等逻辑思维方法。因此，在化学的概念和理论教学中，要注意对学生思维能力的培养。

（五）蕴含辩证唯物主义教育观点

化学虽然是一门自然科学，但其所涉及的化学事实和化学基本理论蕴含着丰富的辩证唯物主义思想。因此，在某些化学知识的教学中，可以融入唯物主义观点的教育。例如，物质的宏观组成和微观构成揭示了客观世界的物质性；物质在分子、原子、离子层次上的变化揭示了物质运动的永恒性；元素周期律及反应条件对于产物的影响，揭示了量变引起质变的规律；诸如氧化与还原、化合与分解、中和与水解、溶解与沉淀、平衡与不平衡等变化，揭示了对立统一法则；物质发生变化的原因和条件、化学平衡的移动、有关物质之间的相互转化、化学知识之间的内在联系，揭示了客观事物之间相互联系和相互制约的观点。

二、化学教学的原则

化学教学原则是教学理论中所认可和提及的教学原则的具体化表现，在把握化学教学原则时要充分结合本学科的特点，要能充分凸显教学规律。因此，化学教学原则就应该是依据化学教学的目的和任务，遵循化学教学过程的规律而制定能够反映化学教学本质特点的教学要求。化学教学有四条教学原则。

（一）实验引导和启迪思维相统一

实验教学是化学教学的基础和前提，也是化学这一学科所特有的特点，因此，在教学过程中必须充分重视化学实验教学，要加强对化学实验的设计和规划，通过实验帮助学生增强认知水平，培养正向情感，端正学习态度，掌握正确的学习方法。在实验教学过程中，应当加强对学生启迪思维培养和实验引导的有效结合。

这两者之间的紧密结合往往是不可分割且同步进行的。首先，实验所包含的种类非常丰富，既有教师需要进行演示的操作，也包含学生需要动手实践的实验，还包含实验图片或实验录像等。教师应当加强对实验方式的优化和选择，要通过选择为学生提供更具有可信度和更具体的事实，帮助学生开发思维，引导学生加强思考。其次，教师必须教会学生怎样进行观察及观察什么。化学实验现象是琳琅满目、丰富多彩的，常常会使学生情绪亢奋，其导致的结果往往是学生很可能仅记住最让他们印象深刻的现象。因此，教师在实验教学中，应该向学生指出：观察实验现象要仔细、全面、客观，并及时进行记录。同时，教师应当树立典型教学作用，抓住典型现象（如气体、燃烧、沉淀、颜色等），学会在讲解典型现象时加强思想启发和引导，通过设置提问等方式引导学生加强逻辑思维，培养学生的思考能力。比如，教师在讲解钠与水的实验时，教师应当善于把握提问时机，在学生充满探索欲望时对学生提出问题，引发学生思考，如可以询问学生小刀能够轻易将钠进行切割，通过这种现象能够得出什么结论，也可以询问学生为什么将钠扔到水中后其并没有下沉。这些问题实际上是根据实验现象的先后顺序提出的，这样，一方面可以使学生全面地观察实验现象，并积极思考，另一方面也间接地向学生说明了观察实验现象应该是有先后顺序的。最后，教师必须引导学生对实验现象进行分析。学生在全面记录实验现象后，有时会止步不前，这是因为他们不知道"路"在何方，或者不知道怎么"走路"了，或者不知道"路"的终点在哪里。教师首先要给学生"指路"，告诉学生这些实验现象可能与什么有关；然后要教会学生怎么"走路"，告诉学生怎么思考；最后告诉学生"路"的终点在哪儿，让学生有目的地、大胆地走向终点。在这个过程中，教师应提醒学生：考虑问题应该纵观全局，不能错过任何信息的提示。例如，在氨气的喷泉实验中，美丽的、粉红色的喷泉就是学生要走的"路"，为什么会形成喷泉、喷泉的水为什么会变成红色就是学生"走路"的方法，大胆概括、全面分析、总结结论就是"路"的终点。

（二）归纳共性与分析特性相结合

繁杂难记的化学学科知识，常常让很多学生望而却步，而实际上，若教师在教学的过程中能够有意识地以化学理论为指导，帮助学生厘清化学知识之间的内在联系及规律，学生就能够更加容易地建构化学知识，但是并非所有化学知识都有着相对应的理论支撑。因此，教师需要引导学生用归纳的方法，让学生尝试抓住典型，并且进行分析，在对个性进行梳理归纳过程中总结出物质通性。比如，从铜和铁入手进一步探索和归纳金属所具有的共同特点；通过对有机物的代表性物质特征反应和结构进行分析，引导学生进一步思考和探讨同一类有机物所具有的化学性质。

但是，物质往往在有着同类别物质的共性外，还有着不同于同类物质的特性，因此，在学习化学物质时，不仅需要考虑共性，还要考虑共性背后的特性。例如，二氧化硫除有酸性氧化物的通性外，它还有氧化性和强还原性。又如，浓硫酸除了有酸的通性外，还有不同于盐酸的强氧化性等。所以，只有掌握了共性之外的特性，才可以全面理解和认识物质的性质。

通过实践表明，学生对于共性的掌握是相对较好的，而对于特性的掌握却是相对较差的，有些特性很容易被学生所忽略。比如，学生在对浓硫酸和锌的反应产物进行分析和判断时，很容易更专注于硫酸所具有的酸性特点，而忽视了其强氧化性的特点。因此，在实际教学过程中，在引导学生加强对共性特点的了解和掌握时，也要着重突出其特性。通过这种教学方式，更好地引导学生加强了解和学习，提高学习效果和质量。

（三）形式训练与情境思维相结合

化学教学归根结底是要教会学生如何解决化学问题，这就要求教师一方面要加强形式训练，使学生培养解决一些形式化的化学问题的基本功，掌握常用或通用的解决问题的模式或方法；另一方面要善于创设一些非常规的化学问题情境，培养学生思维的灵活性与变通性。

在现实的化学教学中，一些教师认为解决化学问题等同于解题，然后热衷于定套路、讲例题、做习题的传统模式，让学生用固定的思路和相同的公式重复解题。随之而来的问题是，学生变得思维迟钝，一遇到稍有变化的问题，就会无从下手。从近年高考化学题目的形式、内容可以发现，问题往往在一个特定的背景下出现，而这些背景有的与生活有关，有的与社会现象有关，有的与工业生产有关，问题变得需要从多方面着手才能解决。情境思维是为了弥补形式训练不足而产生的，当学生在面临某一个问题情境时，若对于这一情境没有任何经验，很容易会导致学生无法找到好的解决方式。因此，需要学生通过加强阅读、查找资料等方式，充分发挥主观能动性，找到有用的信息，对规律进行总结，结合所面临的实际情境进行类比，最后对这一问题进行有效攻克，这一过程也被称为情境思维。

在日常教学中，教师应该注意多创设丰富的有关社会、生活、生产的教学情境，并注意在情境中提出一些非常规的化学问题，启发学生积极思考，并且引导学生从多方面着手进行分析和解决。用于形式训练的题目则应该是基于各种背景下的比较灵活的题目，这样才能训练学生解决问题的能力。

（四）知识结构与认知结构相统一

知识结构在一定程度上是基础知识的合理组合，是将化学中所包含的元素化合物、基本概念、基础理论等通过相对较为概括性、简洁性的语言和形式进行呈现，如元素周期率和物质结构、无机物的化学反应和分类等，都是将非常基础的知识进行有效组合后形成的。这种组合方式是化学学科中非常普遍和基础的规律和原理，在一定程度上能够反映出各知识之间存在的紧密联系，也能在一定程度上有效呈现化学的知识逻辑顺序。因此，教师一方面要善于做知识小结，不断揭示知识的内在联系，适时地把知识结构揭示给学生，并引导学生学会总结知识。例如，在高中化学金属钠的性质的教学中，其课堂小结可以是对钠的物理性质、化学性质、用途和制取的归纳和总结，但若仅限于此，课堂小结还不到位。因为在钠的教学中，学生第一次接触到一种新物质——过氧化钠（Na_2O_2），对过氧化钠有关知识的掌握也是重点。另一方面，教师要熟知化学知识结构，这就需要教师了解教材的知识结构。教师只有对教材充分了解，把握其中的内在联系，才能在实际教学中有效指导学生进行学习。例如，对氧化还原反应的理解和掌握，初中是从得氧、失氧的角度分别对氧化反应和还原反应进行定义的，到高中，其首先出现在物质的分类与转化中，从化合价是否变化的角度认识氧化还原反应，然后单独安排一节内容从电子转移角度认识氧化还原反应。

认知结构是指反映事物间稳定联系和关系的内部认识系统。在教学中，教师必须充分考虑学生的认知结构，呈现一些能够被同化或顺应的知识，而不是学生从未接触过的知识或看起来比较有逻辑顺序但不符合学生认知顺序的知识。例如，在对溴碘提取的学习中，对于溴碘及其化合物的性质就不应该通过类比氯及其化合物的性质得到，因为此时的学生并没有具备完善的类比能力，也没有学过元素周期律，并不知道卤族元素的相似性。又如，在化学用语的教学中，教师要按照由简单到复杂、由表及里的形式逐步地引入和教学，以与学生年龄特征和认知结构相适应。此外，教师还应该考虑知识内容的呈现方法。例如，在化学概念教学和化学用语教学中，可以从学生的认知方面采取分散记忆、联想记忆、多练识记等方法。

第三节 化学教学过程与教学方法

一、化学教学过程

（一）一种特殊的认识和交往过程

化学教学过程是发生在教师和学生之间，围绕化学知识而展开的一种特殊的交往和认识过程。在这一过程中，存在着两种信息的交流和互动，一种是知识信息，一种是心理信息。心理信息的交流表现为师生之间的交往，这种交往过程的特殊性体现在两方面：一是以化学课程为载体。化学教学中师生之间的交往活动围绕化学课程而展开，活动的场所主要是教室和实验室，活动的时间被安排在学校的教学计划中，比较固定。二是以人的专业发展为目的。通过化学教学的互动交往过程，学生学习了化学科学知识，发展了智力，掌握了科学方法，科学素养得到了培养。教师体验到了育人的艰辛与幸福，自己的教学智慧也逐渐增长，专业化程度越来越高。

知识信息的交流表现为认识过程，化学教学作为认识过程与哲学意义上的认识过程是特殊与一般的关系。化学教学除了要遵循一般的认识规律，"由生动地直觉到抽象的思维，再由思维到实践"[①]，还要体现如下三个方面的特殊性。

（1）认识内容以间接知识为主。选择化学教学内容的重要依据之一就是化学课程标准，它大多以文字的形式被储存起来。这些化学知识是对前人直接和间接经验加以总结与提炼而得到的精华部分，通过化学教学这种特殊的认识过程，学生能够花最少的时间掌握人类几百年才能积累起来的化学知识。

（2）认识情境被精心设计。教师备课的主要工作就是设计并创设有利于学生理解化学知识、学习技能、培养情感的教学情境，这样的认识环境显然

---

① 凯洛夫. 教育学［M］. 北京：人民教育出版社，1948.

是人为的，而且认识活动主要发生在学校的教室和化学实验室里。

（3）认识的目的在于培养人。化学教学总目标是科学素养的培养，具体目标体现在影响人发展的知识与技能、过程与方法、情感态度价值观三个方面。而一般认识过程的目的大多体现在物的方面，如真理的发现、规律的探索、知识的更新等。

（二）一个诸要素相互作用的系统过程

巴班斯基是苏联非常有名的教育家，他曾经提出了著名的"教学过程最优化理论"。他认为："要使教学最优化，就必须以辩证的系统观点来对待教学过程，所谓辩证的系统观点，就是必须把教学过程的所有成分，师生活动的内外条件都看成相互联系的东西，必须仔细考虑各种可能的解决办法，并自觉地从中选择在当前条件下，教学任务、内容、形式和方法的最好方案。"[1]可见，教学过程所囊括的事件有确定教学目标（任务）、选择和设计教学内容、优化和创新教学组织形式、选择和丰富教学方法。从系统论的角度看，还应包含教学反馈（教学评价）这一事件。影响这些事件发生的因素有两方面：一方面是人的要素——教师和学生，另一方面是物的要素——教学条件（教材、资源、媒体、教具、实验设施等）。也就是说，在化学教学系统中，教师和学生在一定的教学条件下展开一系列的化学教学事件，如在明确化学教学目标以后，教师选用一定的教学方法，采用适当的组织形式指导学生学习化学课程。在这一系统过程中，学生基础是起点，教学目标是终点，教学内容是载体，教学组织是形式，教学方法是手段，教学条件是前提，教学评价是保障，教师和学生是控制者。这些要素之间既相互联系又相互作用，教学目标和学生基础决定了教学内容，而教学内容、教学条件、学生基础、教师素质又决定了教学方法和教学组织形式。反过来，恰当的教学方法和教学组织形式有利于高质量地达成教学目标，促进学生发展和教师教学水平的提高，从而间接地改善教学条件。

巴班斯基还提出要运用辩证法来分析教学过程。他认为，教学过程的中心矛盾是学生对一定知识、技能和技巧的需要同掌握它们的现实可能性之间

---

[1] 田本娜. 外国教学思想史［M］. 北京：人民教育出版社，2002.

的矛盾；最优化永远是相对的，它并不提供理想的、绝对的决策。在某种情况下，这种方法可能是最好的解决方式，但若情况发生变化，这种方法则可能并没有任何作用。因此，需要对教学任务的实际情况进行分析，要充分考量教学过程中师生的具体情况，要充分结合学科的教学特点，结合具体的情况选择科学合理的解决方式，以期达到最优的解决效果。

二、化学教学方法

教学方法是指教师用来组织实施课堂教与学活动的动作及其组合，如讲授法、实验法、练习法、讨论法、自学法等，这些方法又被称为分析型教学方法。西方学者提出的一些教学方法，如发现教学法、掌握学习教学法、范例教学法、先行组织者教学法、程序教学法等则被称为综合型教学法。这些教学方法更接近于教学模式，本节所谈的教学方法是指分析型的方法。

化学教学是非常具有逻辑性的系统，包含引入、展开、结束三个部分。每个部分的情况都不尽相同，应当选择不同的教学方法，结合教学内容设计和优化。

（一）引入方法

引入方式非常多元，可以是平铺直叙、直截了当、开门见山的，也可以是通过对情境进行创设，帮助学生更好地增强沉浸感和体验感的，还可以是通过对核心问题进行讲解调动学生学习积极性的，更可以是通过认知冲突来激发学生学习欲望的。

（二）展开方法

展开方式的选择非常多元，讲授法是教学过程中非常常用的展开方式，除此之外，还有实验法、练习法、演示法、讨论法等。

1. 讲授法

讲课法是展开方式中最为常见也是最为基本的方式，主要是围绕教师的讲解，学生则主要负责倾听和记忆。这种教学方式最为突出的特点就是能够有效提高信息传递效率，且对于教学过程中环境和条件的要求很低，是教学过程中非常简便的教学方法，但也具有非常明显的缺点，这种教学方式在一定程度上无法突出学生的主体地位，很难对学生的能力进行培养和塑造，学生只是被动进行接受，对于个人的情感目标和能力目标培养无法得到实现。当前人们认为这种教学方式是非常传统的教学手段，因此认为它是落后的，对其进行批判，但从实践教学中来看，这种教学方式却历久弥新、经久不衰。奥苏贝尔曾经通过意义学习理论对这一教学方式作出了非常具有代表性的总结和论述，不论是发现学习还是接受学习，在一定程度上都有可能会存在机械化的特点，但也都有可能是具有意义的。在实际教学过程中，发现教学所耗费的时间相对较长，而学生在学习过程中的学习压力和负担相对较重，需要获得大量信息，因此使得接受学习成为教学过程中非常重要的手段。在某些学习情境中，学生需要借助语言来对抽象复杂的命题进行处理。虽然这种纯粹单一的言语形式学习在一定程度上会影响学生的理解能力培养，但若在教学过程中能够通过经验提供，也能对问题进行补足。

因此，为了更好地减少这一教学方法可能带来的缺点和不足，教师在使用这一教学方式时，也应当充分了解并遵循学生的智力发展水平、思维规律情况和认知规律，要在教学过程中加强对学生的引导和启发，要充分调动学生的注意力，引导学生进行思考，也要加强与其他教学方式的有效结合，从而实现良好的教学效果和质量。

2. 演示法

在化学教学中，演示法是与讲授法最常见的组合方法之一。演示的内容有化学实验、多媒体影片与动画、实物、照片和模型展示等。对于危险性实验、成功率不高的实验、条件不具备的实验，可用实验录像来代替演示实验。演示法可以提供很多直接经验，比较直观，正好可以弥补讲授法的不足，两者合用，相得益彰。

3. 实验法

实验法也是与讲授法经常合用的一种教学方法，教师可根据不同的教学内容和教学条件选择不同的化学实验。例如，探究性实验通常放在讲授之前，验证性实验通常放在讲授之后，危险难做的实验由教师来演示，操作简单现象明显的实验由学生来做。书上提供的实验往往不能满足教学要求，教师经常要根据教学需要对现有实验加以改进或重新设计实验。

4. 练习法

练习法是一种比讲授法更为重要的教学方法，也是与讲授法最常见的组合方法之一。不管是行为主义学习论，还是认知主义学习论，练习都被认为是学习过程的重要一环。练习的方式多种多样，对于认知目标来讲，主要是纸笔练习；对于技能目标来讲，主要是操作练习；对于体验目标来讲，主要是活动练习。

5. 讨论法

讨论法又称谈话法、对话法、问答法，它与讲授法的相似之处在于都是用语言来传递信息，不同之处在于学生的参与度。讨论法的表现形式通常是教师与学生、学生与学生之间的问答与对话，课堂气氛轻松、活泼。

陶行知先生曾十分提倡讨论法，他说"以使学生练习机会之多寡判断教育之优劣，能使学生有充分讨论、参与之机会，方为良教师。故教育当留适当之时间，以为学生讨论参与之地步也"。

讨论法的使用可以追溯到古希腊教育家苏格拉底和我国的孔子。讨论法有很多优点，如有助于学生思考和接纳多方面的意见，使学生学会合作、宽容和忍耐，学会交流和表达自己的思想等，但并不是所有的讨论都是有效的，使用讨论法要有相当的技巧。首先，教师要对讨论问题有深入的研究，课前准备好讨论所需的资料，保证每一名学生提前并同等地获得讨论材料。其次，学生要掌握提问、倾听、回应、合作的技巧，对所讨论的问题要有一定的知识、能力和情感基础。也就是说，学生要想讨论、会讨论。还有，教师要采取有效的教学组织形式便于学生讨论，是大班讨论还是分组讨论？还要有配套的管理措施，如怎样引导不守纪律的学生、讨论小组怎样分工、怎样应变意外事件的发生、怎样评价每一名学生的表现等。

6. 自学法

自学法是最能体现学生自主性的一种教学方法，教师要对学生的自学加以充分的引导和辅导，辅导的载体是学案，学案的编制、批改与点评是教师辅导学生自学的主要手段。

（三）结束方法

常用的结束方法有归纳法、练习法、问题法。归纳法就是将一节课的重点和难点加以简明扼要的整理总结，以完善认知结构。教师既可以自己归纳，也可以让学生来归纳。练习法就是让学生做形成性测验，以检查学习效果。问题法就是围绕所学内容，提出一个有价值的问题，或一个能够引入下一节课题的问题，让学生运用所学知识来解决，在运用知识的过程中帮助学生掌握知识。

第二章

化学课堂教学设计的基本内容

本章介绍了化学课堂教学设计的基本内容，主要有化学课堂教学设计的含义、化学课堂教学设计的基本要求、化学课堂教学设计的原则、化学课堂教学设计的内容和化学教学设计问题及对策。

第一节　化学课堂教学设计的含义

一、化学教学设计的概念

有教学就有教学设计。教学设计是有效教学的前提，就像建筑房屋要设计图纸一样，是教师对教学过程中要"教什么"和"怎么教"进行有计划的安排，作出教学的整体规划，形成教学思路，且形成有培养目标的、可操作性的教学方案。

所谓教学设计，就是运用系统的科学方法，以现代教育学理论（学习理论、教学理论、教学系统理论和传播理论）为基础，依据教学内容的特征、教学对象的特点、教师的教学理念、教学风格规划和安排教学活动的一种操作过程。

化学课堂教学设计是为了更好地实现教学目标而对教学过程中相关要素的规划和设计，主要包含制定本课堂的教学目标、加强对教学活动的优化和安排、选择合适的教学方法和策略、对实验进行优化和设计、对教学媒体的应用以及对于本堂课教学效果的评价设计等。

结合其定义，在对课堂教学进行设计时应当充分基于传播学、教育心理学、教学论的相关知识和理论内容，选择更加科学合理的方法和观点，对教学过程中所涉及的教学任务进行分析和设计，确定更加科学合理的教学目标，选择更加高效的教学方法，对教学活动进行设计，对教学评价进行优化和安排。因此，化学课堂教学设计主要包含教学评价、教学媒体、教学策略、教学活动、教学目标等方面。课堂教学是实现教学效果和质量的重要途径，教师必须加强对课堂教学的重视，要针对教学对象，加强对课堂教学的精心设计，使每一个环节都能呈现最优效果，以此来提高整体的教学效果和质量。

课堂教学设计所包含的要素和基本环节如图 2-1-1 所示，其过程可以概括为：教师结合相对较为科学合理的教学方法和观念，了解和分析学生身心发展状况及相关理论，根据课堂教学的具体要求和目的，选择合适的教学方法，设计合理的教学活动，甄选教学资源，安排教学过程和程序。同时，结合教学内容选择合适的教学媒体，传递教学信息，通过有效的反馈和调节，对教学效果进行判定，从而有效提高课堂教学质量。

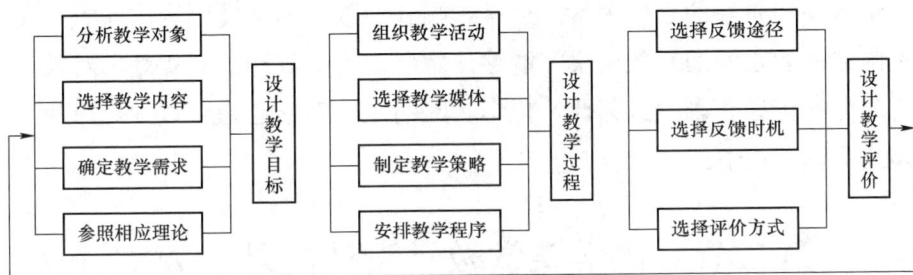

图 2-1-1　化学课堂教学设计环节

总之，课堂教学设计是为了更好地实现教学目标而对教学活动进行统筹优化的过程，是提高教学效率的必然选择，也是培养学生能力和素质的重要环节。

二、化学教学设计的研究对象

（一）化学教学设计要研究教与学的关系

化学教学系统是包含学生、教师、教学内容等相辅相成、相互影响的元素通过一定结构方式形成的有机整体，其中，师生关系是最本质的关系。在对教学设计进行评判和研究时，要重点分析教师是怎样对学生的特点、需求进行分析的，也就是学生当前所具备的专业技能、理论知识、学习态度的具体层次与所预期的层次之间的差距。

（二）化学教学设计要研究教与学的目标

化学教学设计小到对一堂课的设计，大到对一个单元的设计，甚至到对整个课程的设计，最终想要实现的目标都是为了更好地完成教学任务，更好地培养学生。因此，教师必须加强对教学目标的了解和分析，要通过规划和设计，使教学更具有逻辑性，这是开展教学的重要前提和基础，也是提高教学设计能力和水平的重要因素。

（三）化学教学设计要研究教与学的操作程序

理论和实践之间的差距和剥离是教学过程中非常重要的问题，是影响化学教学效果和质量的重要因素，也是影响教学效果的重要因素。而教学设计则是沟通两者之间的有效桥梁，能够使教学理论更好地落到实处，对教学实践有充分的指导和影响。因此，化学实践的实质和核心是将教学规律和原理落实到具体实践中。

第二节　化学课堂教学设计的基本要求

一、以系统论为指导

教学设计以教学系统为基础，应尊重教学系统的规律，了解它的特点、结构，清楚各部分之间的联系，注意各方面的配合，做好各阶段的衔接工作，优化要素、目标、条件和结构，做好各方面的协调工作。

二、以教学理论为基础

要以教学理论为基础，遵循教育教学规律，具体而言，应做到：符合教育、教学目标；符合教育学、心理学、行为科学的规律；适合学科特点，具备实施条件。

在教育改革的基础上进行教学设计，我们必须吸收各种理论的优点和合理之处，进行整合、优化，以此作为进行教学设计的基础理论。

三、从实际出发

教学设计要从教学的实际出发，掌握教学的出发点和潜在可能性，规划好教学设计的蓝图，做好实践工作，归纳、总结规律，建立科学的体系指导教学设计。

第三节 化学课堂教学设计的原则

化学课堂教学设计原则，是进行化学课堂教学设计所依据的准则。要确立正确的课堂教学原则，必须认真探求这一原则确立的依据。只有加强对课堂教学设计原则的了解和认知，掌握其指向依据、理论依据和本质依据，才能更好地提高课堂教学设计效果和质量，也才能为课堂教学奠定良好基础。

第一，化学课堂教学设计原则确立的本质依据。探究化学课堂教学设计原则，首先应明确这一原则具有的本质规定性。化学课堂教学设计原则是反映化学教学设计规律、指导化学教学设计活动的法则和标准。这种本质的规定性确定了化学课堂教学设计原则建立的原始动因，是要将围绕化学课堂教学设计的一切活动都规范在以化学课堂教学能够有效进行为中心的范畴之中。

第二，化学课堂教学设计原则确立的理论依据。主要依据是教育心理学以及系统科学在教学方面的实际应用，想要加强对课堂教学设计原则的了解和把握，就必须了解教育心理学和系统科学的基本内容、方法和原理。课堂教学设计在一定程度上是相对完整、科学的系统，设计原则则是该系统的本质，在原则确立方面应当突出系统的整体性这一特点。只有遵循该特点，遵循教育心理学的相关规律，才能更好提高教学设计。

第三，化学课堂教学设计原则确立的指向依据。在对课堂教学设计原则进行确立时，要充分考虑事物的联系性和客观性，要能够明确该原则所面向的对象和适用的范围，只有这样才能有效提高原则确立的针对性和指向性。

课堂教学设计原则是从无数教学实践中诞生并总结出来的，同时又反哺于实际的课堂教学，成为其设计的重要参考依据和基本原则。因此，要加强对适用范围和面向对象的了解和确立，以此为核心设计课堂教学，这是构建设计原则的重要依据。

化学课堂教学设计原则适用范围非常广泛，既能够用于整体设计又能够应用于分部设计，对各个要素也能起到一定的指导作用，协调各要素之间的关系，规范各要素的运行，将各要素紧密围绕在一起，形成有机整体。为了保证化学课堂教学设计的系统性、科学性和一致性，既遵循化学课堂教学的规律，又符合学生的学习特点，化学课堂教学设计应遵循下列原则。

一、目标性和可行性相统一原则

由于化学课堂有效教学设计是在教师熟悉化学有效教学大纲、把握化学教材内容及各个知识点的基础上，得出的化学课堂有效教学的具体目标要求，所以每堂化学课的教学活动都应该围绕所设计的化学课堂有效教学目标而开展，以便完成化学课堂有效教学任务。课堂教学目标，要充分考虑在学生能力培养、知识积累方面期待达到的目标，也要考虑对于学生的个人成长、品德教育等方面的影响，使学生能够成为德智体美全面发展的优秀人才，但化学课堂教学设计是根据相关理论对教学实践进行设计和规划的有效步骤，而想要使设计和规划落到实处，必须具备两个可行性条件：第一个条件是能够契合主客观条件，所谓客观条件主要是指教学过程中所使用的设备配备情况等客观因素，所谓主观条件是指所面向的学生学习基础情况、认知水平情况、年龄特点以及师资力量情况等；第二个条件是要具备一定的可操作性，能够真正对教学实践有指导价值，能够落到实处。只有同时具备这两个条件，才能更好地指导实践教学，更好地提高教学效果和质量。因此，在对课堂教学进行设计时要充分遵循可行性和目标性相统一的原则。

二、系统性和针对性相结合原则

化学课堂有效教学设计是一项系统工程，它由化学课堂有效教学目标设计、教学活动设计、教学策略设计、教学媒体设计和教学评价设计等子系统所组成，各子系统既相对独立，也相互制约，共同组成了一个有机的整体。各个子系统的功能并不是等价的，其中教学目标设计就制约其他子系统的作用，因为确立适当的教学目标在整个教学设计系统中起着"纲举目张"的功效。因此，这些设计应立足于整体，使每个子系统协调存在于整个教学设计系统中，以便最终达到课堂教学系统的整体优化。进行化学课堂有效教学设计，应遵循系统论的观点，统筹兼顾各个子系统，只有将各个子系统和谐地统一在总体之中，才能算是成功的设计。

三、整体性和集中性相协调原则

化学课堂教学设计应当遵循整体性的特点和原则，教师要对化学教材有充分的了解和掌握，要能够构建相对较为科学完整的知识体系和结构，要充分了解每堂课所要讲解的内容在整体知识体系中所占的比重和地位，找到该堂课的铺垫知识点，找到新旧知识之间的连接点，找到该堂课的新知识点，从而使课堂教学过程中呈现的知识结构更加完整和清晰。而化学课堂教学设计所要遵循的集中性原则主要是指教师在教学过程中应当充分通过课堂教学实现，要在有限的课堂教学时间内集中讲解教学内容，要充分把握教材特点，找到教材中重点的知识点和本质的知识点给学生讲解。这就要求化学教师在设计化学课堂有效教学时，既要照顾到知识传授和能力培养在空间上的整体性，也要照顾到它们在时间上的集中性，协调好整体性和集中性之间的关系。

四、理论性和实践性相依存原则

化学课堂有效教学设计要以先进的、科学的和可靠的教育心理理论、传播科学理论为基础，制定出切实可行的操作步骤和实践方案。没有先进的、科学的和可靠的教育心理理论和传播科学理论来规范化学课堂有效教学实践，很难达到提高化学课堂有效教学质量的目的。同时，没有化学课堂有效教学实践，一切与之相关的理论都只能是"纸上谈兵"和"空中楼阁"。可见，化学课堂有效教学设计的理论性和实践性是相互依存的，在实施过程中，应该做到在理论性和实践性两方面同时兼顾。

五、主体性和主导性相一致原则

化学课堂有效教学设计应始终坚持以学生为主体，以教师为主导的思想，要体现出教师对学生思想的启发性。教师要以学生为学习的主体，始终把启发思想贯穿于教学设计的整个过程，要求学生独立思考，帮助学生培养思维意识，加强对问题的了解和分析能力，进而有效提高问题解决素质。在学法设计层面上，要充分突出指导性的作用和价值。教师要正确认知学生，既要将学生当作是教育教学的面对对象，也要将学生视为研究对象，加强对学生学习规律的了解和分析，帮助学生更好地掌握课堂信息传递的方式和途径，有效地提高学生预习、课堂学习和课后复习的能力和素质，帮助学生掌握心理调节的方法等。

六、传统教学手段和现代教学手段相结合原则

在课堂教学设计过程中要充分突出现代化教学手段和传统化教学手段的结合，比如，黑板作为传统教学方式，是提高教学效果的有效途径。教师应当利用黑板对课堂教学重难点问题进行突出说明，帮助学生更好地掌握课堂教学结构和逻辑，培养学生的思维意识，也能帮助学生更好地记课堂笔记。而现代化的教学手段非常多元，比如，投影能够解放教师，让教师有更充分的时间和空间加强对知识点的讲解，帮助学生进行观察和了解；比如，录像能够对所讲的知识进行更好的呈现。总而言之，加强现代化和传统教学手段的紧密结合能够有效地提高教学效果和质量。

七、适时、适度评价和反馈原则

化学课堂教学设计过程中要充分把握好评价这一教学环节，要善于把握评价的时机。比如，一般在课堂教学开始之前安排诊断性评价，为后续课堂教学内容的优化和设计奠定良好基础；而在课堂教学过程中则可以开展形成性评价，在课堂教学结束之后可以开展终结性评价。评价过程中应当善于把握适度原则，要掌握好应有的尺度和分寸。要重视学生之间存在的差距，每个学生的天赋不同、学习基础不同、学习能力不同，兴趣爱好也存在差异，因此，每个学生对于课堂教学知识的了解和掌握情况也存在差

异。教师应当充分尊重学生之间的个体差异，要结合学生的实际情况设计
更有针对性的教学目标和评价标准，要对学生的各方面能力提出更有针对
性的要求，从而更好地激发学生的学习动力。同时，需要将评价的结果及
时反馈给学生，让评价发挥其应有的作用和价值。比如，当学生取得进步
时教师应当积极进行肯定和表扬，培养学生的成就感；而当学生遇到困难
和问题时教师也应当加强对学生的鼓励和帮助，帮助学生培养自信心，培
养学习热情。

第四节　化学课堂教学设计的内容

一、化学教学设计的基本层次

化学教学设计是指教师充分结合教学内容、教学对象、教学目标的实际
情况，借助教学设计的方法和原则，对教学方案进行有效的设计。

这种规划可以是长期的，如学期（或学年）化学教学设计、单元化学教
学设计；也可以是短期的、现实的，如课时化学教学设计等。因此，相对于
教学系统而言，化学教学设计是有层次性的。

中学化学教学设计的基本层次主要包含以下几个层面。

（一）课程教学设计

课程教学设计主要是规划课程教学的整体蓝图，制定宏观方法，主要包
含以下内容。

（1）结合课程教学标准制定课程教学目标、教学任务和教学要求；

（2）结合课程教学的教学目标、教学任务、教学要求对教学内容进行规
划和设计；

（3）结合教学目标和教学任务等，制定教学方法和策略。

（4）制定课程教学评价体系，明确评价标准、评价目标，制定评价具体
操作方法和模式等；

（5）在完成上述工作的前提下，加强对课程教学计划或教学大纲的制定
和设计。

（二）学段（学期、学年）教学设计

学段（学期、学年）教学设计主要是针对某一学期的教学进行规划和设计，是在完成课程教学设计的基础和前提下，结合本学期或本学年的教学计划，加强对教材的研究和分析，加强对上一学年学生的学习能力提高状况、学习动力状况、学习基础情况等的了解和分析。在充分了解物质条件以及教学资源的前提下开展以下工作。

（1）要充分考虑所要设计的学年教学工作与上一学年或下一学年教学工作之间的关系；

（2）要明确本学年教学的重点、教学任务以及教学进度，明确在教学过程中应当采取的教学方法、教学评价等工作；

（3）要制定本学年活动和实验等的具体计划；

（4）在完成以上工作的前提下，加强对本学年教学工作规划的设计和编制。

（三）单元（课题）教学设计

单元（课题）教学设计主要是针对教材中某一单元的教学工作进行设计和规划，要充分结合课程教学的整体设计，也要充分结合本学年的教学设计，从而设计更加科学合理的单元教学安排。要充分了解教学对象的整体状态和教学内容的具体情况，主要开展以下工作。

（1）要制定这一单元的教学要求、教学目标、教学任务；

（2）要结合实际情况，制定明确的教学内容；

（3）要制定单元教学的教学方法、教学手段、教学结构，具体包括重难点问题的教学方式、课时的划分情况、单元教学内容之间的关系处理情况等；

（4）要结合单元教学实际内容，制定科学合理的评价方案；

（5）在完成以上工作的前提下，制定单元教学计划等。

（四）课时教学设计

课时教学设计要充分了解和结合课程教学设计的整体规划，要充分了解学年教学设计，也要充分遵循单元教学设计，结合实际情况，以课时为单位制定教学设计。在教学设计的各层次中，课时教学设计是出现频率最高、工作量最大的一类，内容也更加具有针对性和具体性。在教学设计方面主要考虑以下工作。

（1）要制定教学目标；

（2）要制定教学方法，规划教学过程，明确教学策略；

（3）要选择合适的教学媒体；

（4）要制定教学评价方案和具体调控方案；

（5）在完成以上工作的前提下，加强对课时教学方案的设计和编制，也就是制定教案。

这四个层次的教学设计各有不同，需要充分了解和分析教学任务，在此基础上加强区分和设计。

从设计的着眼点来看，化学教学设计还可以分为整体设计和局部设计。整体设计是把化学教学作为一个整体，强调各子系统和各要素之间的整体优化，所以，它属于系统设计。局部设计更主要是从化学教学过程的环节入手，强调某一环节、某一片段的优化，如导课设计、课的结尾设计、板书设计、实验设计、习题设计等，所以它属于具体设计。在实际的化学教学中，整体设计和局部设计应该相互呼应，互为补充。

二、化学教学设计的基本环节

从操作层面上来看，化学教学设计的过程大体上包括以下一些阶段和环节。

（一）准备阶段

准备阶段包括：（1）教学任务分析；（2）教学对象分析（知识准备情况、能力发展水平、生理和心理发展水平等）；（3）教学内容分析；（4）教师自身分析。

（二）构思阶段

构思阶段包括：（1）教学目标设计；（2）教学内容设计；（3）教学过程设计（指导理论的选择、教学环节及教学策略的设计等）；（4）教学媒体设计；

（5）教学测评设计。

（三）评价阶段——教学方案的评价与优化

为了更好地进行化学教学设计，化学教师非常有必要学习和理解有关教学设计的一般理论和方法，尤其是从技术、操作层面掌握有关教学设计的方法论，以提高自身的化学教学设计水平。

三、化学教学设计的基本要素

从传播论的角度出发，化学教学可以看成是一个系统。这个系统的构成要素包括有四个方面：一是信息的传播者——教师；二是信息接收者——学生；三是媒体（信息传播的方法）——教学手段（教学方式和方法）；四是教学信息（来源）——教学内容（化学课程与教材），这些基本要素构成了完整的教学系统。

（一）教师

教师是教学的主导者，是教学系统中最关键的要素之一。要开展有效的教学，教师就必须分析教材内容、教学目标、教学对象等，制定出切实可行的教学方法和策略。

（二）教学对象

施教对象的初始状态（包括知识基础起点和能力起点等）直接影响着教学的成效。在教材分析时不仅要了解学生具备的起点知识，还要清楚学生的起点能力。初中的学生观察分析能力较差，教师要在教学中加以引导，才能帮助学生达成学习目标。高一的学生已具备一定的观察分析能力，教师可以创设情境，让学生自己提出问题并解决一些简单问题；高一的学生已逐步由具体的形象思维过渡到抽象思维，但思考时仍需借助感性材料来辅助。初中的学生实验操作技能较弱，他们还停留在模仿阶段，不具备设计实验的能力；高中学生已经不同程度地受过研究物质的实验方法和科学探究的基本步骤的训练，他们已有了设计简单实验和科学探究的能力。那么，在教学中就可以让高中的学生参与设计实验，对初中的学生则主要训练他们的实际操作能力。

要充分结合"学为主体和教为主导"的原则，要明确学生是教学主体，突出学生的主体地位，同时学生也是教学系统的服务对象，为了更好地提高教学效果和质量，就必须加强对目标人群的了解和掌握，也就是要对学生的实际情况进行掌握，要明确学生的学习态度，了解学生的学习基础，掌握学生的学习能力状况，只有充分了解目标对象才能更好地提高教学设计的科学性与针对性。

（三）教学手段

教学手段是为实现教学任务而采用的教与学的方法、策略，例如，一堂课主要安排什么教学活动中设计何种教与学的方法、选择什么教学媒体、怎样利用现有的教学资源、设计怎样的教学环节等。

（四）教学内容

不同的教学内容所采用的方法和策略是不相同的，新课内容设计要以建立知识点为主线；复习课教学设计以构建知识点的逻辑关系、加深对知识的理解与应用为主要目标。元素化合物知识的教学设计，主要以结构 – 性质 – 用途关系展开；化学概念原理的教学设计以解析概念原理为主题。

第五节　化学教学设计问题及对策

一、化学教学设计需要注意的问题

（一）切忌照搬教科书

教学设计不是简单地把教科书的内容搬上教案，教科书只是为教师教学提供的一种范例，教师要"用教材教"，而不是"教教材"。教师应该根据教学实际，创造性地进行教学设计。教学设计蕴含着教师对教学内容的辛勤耕耘，体现了教师的教学水平。

（二）要关注学生的发展

教学设计要注意面向全体学生，关注全体学生的发展，而不仅仅是个别优等生的发展；要注意知识与技能、过程与方法、情感态度与价值观三维目标的整合，促进学生的全面发展，而不仅仅是知识与技能的发展；因材施教，促使每一位学生都能有个性化的发展，要注意保持学生的学习兴趣，培养终身学习的愿望和能力，使学生可持续发展。

（三）要关注学生的学习需求

教学设计要充分围绕学生开展，要了解学生对于教学活动的具体要求和需求情况，要了解学生的学习基础情况，结合学生的实际情况设计更具有趣味性、更有吸引力的活动从而引导学生参与，调动学生的参与积极性和主动性，让学生在参与过程中能够获得更好的情感体验和生活体验，让学生在探索过程中加强对知识的了解和掌握，也能更好地获得有效的方式和方法，培养科学素养。

（四）符合"三序"

在教学设计中应当充分结合学生心理发展顺序、认知顺序和知识本身的逻辑顺序之间的关系进行融合。要注重知识的梯度建设和教学，要从易到难，引导学生一步步了解和掌握知识；要注重阶段性，要根据学生的实际情况和认知水平设定更加科学合理的教学目标，要引导学生平稳提高学习成绩，不要出现拔苗助长的情况。在实际教学过程中要突出教学的层次性和针对性，结合学生的个性特点因材施教，要保障所有学生都能达到最低的要求和标准，也要确保能力和素质相对较高的学生能够获得更好的培养与提高。

（五）注重转变学生的学习方式

教学设计要注重引导学生主动学习，促进学生自主学习、探究学习、合作学习。要帮助学生通过学习探索掌握更适合自己的学习方法，让学生真正学会学习，事半功倍地进行学习；也要培养学生养成探究的意识和能力，提高学生的学习能力和素养。

二、传统课堂教学设计存在的问题

（一）教学设计

传统教学受行为主义心理学的影响是很深刻的，一直都存在着以结果为中心的教学观，只注意了解学生学习知识时的外部行为，将是否记住了书本知识和会做题作为学生学习效果的衡量标准，而不去探查这些行为所反映的内部心理机制及其形成条件。加强对学习成果外部行为的了解和分析，在一定程度上能够提高反馈评价和系统评价的效率和质量，但当前关于学习成果内部行为的研究和分析过少，对学生心理机制变化的分析不够明确，也没有探讨影响内部心理的因素。在这种情况下，若过于强调对外部行为的分析可能会起到反作用，影响教学设计效果和质量。受这一类思想的影响，教学设计也存在着注重采用行为目标的具体表述和系统分析方法的不良现象。

（二）教学目标

20 世纪 60 年代之前，心理学的发展还不够科学和完善，在对技能、知识以及知识转变为技能和智力等问题上没有相对科学和系统的研究，教育领域对此也大多是进行常识性或哲学性的阐述。行为主义心理学对于内部心理机制的研究和分析也相对较少，更加侧重于外界的因素对其可能产生的刺激和影响。该认知的延续和影响，使当前在对教学目标进行设计时更多是侧重于知识掌握、内容规划等方面的描述。同时，也侧重于教学目标可评价性、可观测性方面的优化和完善，并没有针对其实质和内涵进行解决，没有探讨如何在目标设计方面分析和探讨可能影响学生心理机制的因素。在实际教学设计中，忽视了学习理论在其中的应用问题，没有深入了解和研究学生获取知识、提高技能、取得成果的内在机制。这种"知识结果中心"观，在教学设计中依旧存在较大的影响。

（三）学习内容

受教学目的观的影响，在学习内容层面还存在着教材中心论的趋势和倾向。在传统教学模式下，对教学内容进行规划和设计也被称为对教材的分析和处理，更加侧重于对教材中所蕴含相关知识的逻辑结构进行梳理和分析，而忽视了如何引导学生培养思维意识。在当前的教学设计中，采用了信息加工和任务分析的方式，在一定程度上更加尊重学习规律，但教学目的观没有发生变化，学习内容的根本和实质也没有发生变化，依旧是侧重于知识服务，而忽视了对学生相应学习能力的培养。想要有效提高学生的学习能力，只能在具体学科的学习过程中去有意识地引导和发展。因此，能力培养也被当作是知识教授过程中的重要教学任务，只有这样，才能更好地提高学生的能力和素质，也才能贴合素质教育的需求。

（四）教学策略

受教学目的观的影响，教学策略层面也存在一定的不足，教师中心成为教学过程中存在的突出问题和显著现象。由于教学目的观的影响，使对外部行为的关注更多，而对学生如何获得和发展能力的分析和研究较少，这就使得在学习过程中存在较为明显的教师中心论现象。当前越来越多的人也意识到教师中心论现象的弊端，在实际教学过程中也积极引导学生参与，探讨提高学生参与度的方式和方法，但由于缺乏引导学生学会思考和学习的相关理论支撑，使得教学策略制定还存在一定的问题和不足。

三、化学教学设计的改革

（一）加强现代教学理论的学习

化学教师想要有效地提高教学效果和质量，教学软件和多媒体的应用虽有锦上添花的作用，但现代教学理论则是核心和支柱，只有加强对现代教学理论的了解和学习才能有效地提高教学效果和质量。因此，建议详细介绍教学理论的内容，包括认知学习、行为主义学习、人本主义学习等相关流派在化学教学中的指导意义。

（二）增加探索性实验

20 世纪中叶，西方发达国家就已经在发起理科教育现代化运动，提倡引导学生通过实验探索推动教学思想的发展。学生通过参与探索性实验活动，能够加强对知识的了解和掌握，学习并获得先进的科学方法，培养学生的科学态度和探究水平。通过参加探索实验能够有效培养学生的自主学习意识，提高学生的探究精神，也能有效地掌握科学概念和科学方法，这和素质教育思想是相一致的。

（三）鼓励学生积极思维

在教学过程中应当加强对矛盾情景的设立，让学生在学习过程中发现矛盾，引发学生思考，给学生营造更加自由的空间和环境，让学生大胆质疑。通过自主探索更好地了解相关知识，既加强了对原有知识的了解和应用，也加强了对新知识的学习，让学生在学习过程中保持高涨的学习热情，提高学生的学习欲望。比如，在学习水的电离相关内容时，教师可以引导学生使用灵敏电流计来对水的导电性能进行测定。在测定过程中学生能够发现指针出现偏移，这时学生的脑海中可能会出现一系列的疑问，为什么指针会偏移？这是否与"电解质与非电解质"的实验情景存在冲突？哪个结论是错误的？哪个结论是正确的？通过这些疑问，能够有效地调动学生的学习热情，引发学生思考。教师不必立刻进行解释，可以进行适当的引导，让学生通过阅读书本找到答案，这也能让学生加深对知识点的理解和记忆。

（四）调动师生积极性

课堂教学过程中，师生互动和交流情况对于课堂教学效果和质量有非常重要的影响。若课堂教学氛围相对自由、融洽，学生就能够有更加强烈的参与热情，能够更善于表达自我的疑问，也能在与教师的沟通和交流中加强对问题的了解和认知，但若课堂氛围较为沉闷，学生不仅不敢表达自己的疑问，甚至还有可能会对课堂教学产生排斥，难以获得良好的学习效果。在课堂教学过程中，教师应当正视学生提出的每一个问题，哪怕是非常简单浅显的问题，也应当对学生的质疑精神给予肯定和鼓励，要善于引导学生，培养学生的思考意识。

（五）借助形象比喻

化学教学过程中可能会存在较多的重难点问题，这些问题对于学生而言在理解层面上可能会存在一定的难度，但学生又迫切希望了解更加完整的知识结构，因此教师在教学过程中应当善于把握时机，引发学生思考和质疑，通过更加形象生动的比喻，让学生更好地了解相关知识点，突破教学难关。

（六）设置认知冲突

在教学过程中，知识点可能存在一定的联系性和影响性，导致学生在对知识进行理解时可能会存在一些模糊地带。教师应当善于把握教学模糊地带，设置认知冲突，帮助学生更好地加强对问题思路的梳理，加深认知。

第三章

新课程改革与化学教学策略

本章介绍了新课程改革与化学教学策略，主要分为化学教师新课程改革面临的问题与对策、新课程改革下的化学教师职业素质和化学教学中常用的教学策略。

第一节　化学教师新课程改革面临的问题与对策

一、课程改革对化学教师的挑战

课程改革对教师的专业化要求极高，因为教师是课程改革的核心力量，他们的教育理念和教学技能决定了课程改革的方向和性质，他们的专业素养和教育智慧决定了课程改革的质量和深度，他们的专业精神是课程改革的灵魂所在，也是课程改革发展的动力源泉。可以说，在课程改革中，成功的关键在教师，没有教师的发展，就没有课程改革的发展。

（一）实现教育观念的转变

思想是行动的先导，有什么样的思想观念必然会有什么样的行动。如果一名教师坚持传统的课堂理念，他的教学方法就可能不够灵活，这可能会影响他的教学效果。许多教师并不清楚课堂教学和课程意识是并存的，教学大纲和课程标准是并存的；不知道终结性考核和发展性考核是并存的，国家课程、地方课程和校本课程是并存的。课程表中包括已被列入课程表的课程和未被列入课程的潜在课程，在教育学生时，我们应该重视培养他们的价值观、情感和态度，而不仅仅是注重认知目标；教师应该从传授知识的权威者转变为学生学习的指导者、帮助者、合作伙伴，以促进学生的全面发展；不应将学生视为知识的容器，过度灌输知识，而忽略了他们应该从被动接受者转变为主动学习者的重要性。

为了达到最佳的教学成果，必须彻底改变教师的思维方式，以便让这项课程的改革真正落到实处。因此，应该采取多种措施来帮助教师更好地理解和建立新的课程、学习、教学和评估方法。随着科技的飞速发展，教师不仅要承担"传道、授业、解惑"的职责，更要拥有开发学生智慧、培养学生能力的教学技巧和能力。从单纯传授知识转变为引导学生学会学习、学会合作、学会生存、学会做人，以培养学生的创新能力和实践能力。

（二）实现教师角色的转变

1. 从传授者转变为指导者、参与者

长期以来，中国传统的师生关系存在着某种不恰当，即老师以"讲坛上的圣人"自居，而学生则被当成"容器"，只能被动地获取知识。"教师讲，学生听、记"的教学模式虽然可以给学生提供一定的帮助，但却忽略了学生的学习方式，以及他们如何通过有效的方法和过程来获取知识，这种模式无助于培养学生的实践能力和创新精神，也无助于促进他们的学习和发展。

新课程中，重点关注了老师作为学生的指导者、推动者和合作伙伴的角色，并将其视为一个充满互动的教育过程。在"知识的化身"中，教师不仅仅是一个提出问题的人，更应该成为一个协助解决问题的人。在学生进行实验观察或讨论时，教师应该积极倾听他们的观点。同时，教师还应该随时了解课堂上的情况，并考虑如何更好地指导学生。化学课程标准强调科学探究，这是课程改革的核心理念，它鼓励学生主动探索、实践、发现、解决化学问题，以提升学生的科学素养和创新能力。这个过程包括提出问题、推测和假设、制定计划、进行实验、收集证据、解释和得出结论、反思和评估、表达和交流等步骤。通过实际的实践和研究，学生们能够更加热爱化学，并且更加深入地了解它。苏霍姆林斯基曾指出，人类内心深处渴望成为一个勇于冒险和探索的发现者、研究者和探索者。为了满足学生的需求，教师应该

在课堂上引入科学探究活动，并指导学生进行自主学习。在这些活动中，教师应该给予适当的提醒和指导，以帮助学生更好地理解和掌握知识。在新的课程改革下，化学教学更加强调学生的探究性学习，因此，教师应该充分利用本学科的优势，通过实验教学来激发学生的学习热情，培养他们的科学探究精神。

2. 从控制者转变为帮助者

在现代教育中，教师不再仅仅对学生进行指导，而是要能够更好地指导和帮助他们进行自主学习。在这种新的课堂模式下，教师将扮演学生的指导者和支持者。教师应该激发他们的学习热情，鼓励他们进行自主思考，并协助他们收集、整合、运用所需的学习资料；通过深入的反省，让学生清楚地认识到自身的潜力，并且有针对性地设定可以实现的目标；通过提供有益的建议，来促进学生在学习过程中保持积极、健康的情绪；通过评估来促进学生的学习成效；通过指导，帮助学生发掘并充分利用他们的优势与潜力。当学生面临挑战时，教师应该提供指导和帮助，以便他们能够找到有效的解决方案，并且能够有效地协调矛盾，最终达成问题的有效解决。老师们应该努力让学生更好地理解科学，深入探究科学与社会的关联，并且鼓励他们运用化学的原理与方法去解决现实中的问题，从而培养他们的科学素质。

3. 从仲裁者转变为激励者

过去的教育方式更加关注于筛选和选拔优秀的学生，而忽略了评估对于培养优秀人才的作用。我们应该更加关注如何将知识和信息有效地传达给他人，而不是仅仅依靠它们。因此，在传统的教育模式下，教师被视为知识的传播者和评估学生成绩的权威。

新课程旨在鼓励学生进行独立思考和探究。为了提高教学效果，教师应该采取多种措施来提高学生的积极性。

（1）情境激励。通过提供多样化的教学环境，可以唤醒学生的学习热情，提高其学习的主动性和积极性。

（2）成功激励。教师应该给予学生更多的展示自己的机会。通过讨论，可以培养学生的探究精神。按照设计的实验方案进行探索，学生们可能会发现不同的结论，甚至会遇到争议性的问题，因此，教师应该鼓励学生们积极参与讨论。在课堂上，老师应该尊重每个学生，鼓励他们提出自己的看法。应该积极地赞扬每个人的研究成果和观点，评估学生的探索过程；鼓励所有的学生在实验中取得成功，并且要赞赏他们的积极性和创造性，让他们感受到成就感。教师应该对学生抱有积极的期望，因为这样的期望会产生强烈的鼓舞作用，促使他们积极进取，增强自信心。

（3）评价激励。教师应该尽力利用评估来提高学生的学习效果。应该给予优秀的学生更多的期望，以唤醒他们的自信心、勇气和奋斗精神；给那些暂时落后的同学提供支持，帮助他们建立自信心；为了帮助那些感到自卑的学生，我们应该挖掘其自身的优势并予以鼓励；为了帮助那些在学习过程中遇到困难的学生，应该给予他们充分的理解和支持，并鼓励他们建立自信。作为一名老师，应该学会如何正确评估学生。重点关注学生的学习进度，而不是过于关注他们的成绩；重点关注学生的学习表现，而不是过分关注他们是否能够实现教学目标；重点关注学生的成长，而不是过分关注他们的基础知识；应该重视学生的个人优势，而不是过分关注他们的弱点。通过这种方式，教师可以发现每个学生的优点和潜力，并为他们提供更多的赞扬和鼓励。

4. 从教书匠转变为研究者

在传统的教育模式下，教师被认为是教书匠。他们的工作方式是重复的、机械的，他们花费了数年的时间来完善"老簿子"的教学内容，但却没有真正改变它的本质。为了提高新课程的质量，我们需要教师们来设计和开发新的教学内容，"教师成为研究者"是当今社会对教师的技能要求。苏霍姆林斯基曾经指出，为了让教师的工作变得有趣而不单调，我们应该引导每一位教师走上一条充满乐趣的研究之路。新课程的实施给教师带来了许多挑战，因此，他们必须正确认识自己的研究身份，以便成为课程实施的主动参与者。教师的研究是一种实践性的行动，旨在解决教学中的实际问题。这种研究通常包括反思性实践、学习、讨论和总结，以及采用行动研究的方法来解决教学中的问题。这种研究方法既能帮助教师更好地理解教学内容，也能帮助他们更好地应对教学中的挑战。为了更好地进行教学，教师应该不断深入探索课程内容，了解学生的需求和兴趣，并结合当前的教育环境，制定出更有效的教学方案。

（三）注重教学方式的转变

改变学习方式是这次课程改革的一个重要特征。重新构建学习方式，以激发学生的主动性和探究精神，让他们在教师的指导下自主学习，这是教学改革的核心目标。经过深入研究和对国际人才培养模式的比较，我们决定在传统的接受式学习的基础上进行课程改革。改革将增加探究性学习、实践性学习和体验性学习，以提高学生的学习效果。随着这一重大转变，教师的教学方式也面临着前所未有的挑战。随着时代的进步，许多先进的、高效的教学方式正在涌现，传统的教学模式已无法满足当今社会发展的需求。因此，教师们必须积极探索和实践，以便更好地满足当今社会的发展，并且适应变化，勇于接受挑战，实现更高的教育目标。可以说，教师的专业能力体现在他们拥有超越常人的技能和知识上。教师需要深入研究，以确定在不同情境中最适合的方法，以及它们能够达到的最佳效果，这是非常重要的。只有这样，才能够真正掌握教学技巧，使课堂教学更加有效。

在当今的教育环境下，教师应该更加关注学生的实践能力，鼓励他们深入探索、思考，而不仅仅局限于将一些已有的知识简单地归纳出来，以便于他们更好地理解和掌握。为了培养学生的探究精神和能力，我们需要让他们在有挑战性的环境中进行科学探索[①]。

随着社会的进步，"授受式"课堂教学受到了前所未有的挑战，因此，我们不断地探索新的教学方法，以满足当今社会不断变化的教育理念、教育观念以及教学内容，同时也让"授受式"课堂教学更加注重学习者的主体性、基础性、活动性、层次性、开放性以及创新性。通过多种形式的课堂教学和活动，我们可以将集体、小组和个人融为一体，并且能够更好地促进师生之间的互动。

首先，在认识化学教学模式时，不仅要建立一个宏观的框架，还要在实践中将其细化，以便为创新性的教学提供更多可能性，将教师的教学技巧与学生的学习规律有机结合，使教学模式的理论性与实践性有机结合，形成一个良性的循环，从而提升教学效果。在教学方法的选择上，应该摒弃传统的

---

① 杨晶晶. 化学教师在新课程实践中转变教学观念和教学方式的实践和研究［J］. 辽宁教育行政学院学报. 2008, 25（2）: 19-21.

注入式教学，转向更加重视启发性的认知活动，以培养学生的创新思维和实际操作技能。为了让学生更好地理解化学，应该根据他们的学习阶段和内容，采用不同的学习方式，例如接受式、体验式和探究式等。如果化学老师能够灵活运用多种教学手段，及时准确地传达知识，将有助于提高教学效率，从而达到最佳的教学效果。重申一遍，我们必须重视对学生的学习方式的指导。如果化学老师能够根据学生的兴趣和特点，采用"匹配策略"这一系列的教学内容，不仅可以让学生更快地掌握知识，还可以为他们的学习提供更多的可能性，从而丰富和完善他们的学习方式。为了更好地帮助学生，化学老师应该根据他们的个人需求，提供适当的学习指导。这样，才能更好地帮助他们发掘自己的潜能，并促进他们之间的交流与合作。重新构建一个适合学生学习的环境是非常重要的，学习氛围能够激发学生的创造力，并为他们提供了一个充满挑战的学习环境。优质的课堂氛围可以唤醒学生的热情，这有助于培养他们的思维能力，提升他们的综合素质，从而促进其全面的成长[①]。

（四）开发、利用和整合课程资源

开发课程资源是推动教育变革的关键步骤，它不仅是确保新课程能够有效实施的必要前提，更是实现教育目标的基础。随着新一轮基础教育课程改革的推进，课程资源已经成为一个全新的概念，它受到了学术界和社会各界的广泛关注。近年来，我国中小学课程资源的多样性得到了显著提升，不再局限于传统的教材，而是以多元化的形式呈现。教师应该积极探索、开发和有效利用课程资源，以解决教育教学中的实际问题；不断提升自身的教学能力，掌握新的知识、技能和理论，并将其融入实践教学当中，以期达到最佳的教学效果。尽管课程资源的开发和实施已经受到了广泛关注，但是其仍然缺乏对认知、主题和环境的充分考虑。

现代课程改革的目标是让教师不仅仅成为一个传授知识的人，而成为一个有责任心、有思想、有创新精神的人。他们应该根据学生的不同特点，积极地重新设计、完善课程，以满足他们的学习需求。作为一名化学老师，我们应该从不同的角度去理解和探索课本内容以外的知识和信息，并将这些内容融

入到我们的教学中，让它们变成我们的宝贵资源。

可以说，课程资源的内涵极其丰富。在新的课程观念中，课程资源可以分为两类：一类是可供学习者利用的素材性资源，包括知识、技能、经验、活动方式、情感态度等；另一类是需要学习者投入人力、物力、财力、时间、场地、媒介设施和环境等条件才能获得的资源。隐性资源包括校园文化、校园生活、人际关系以及班级氛围，而显性资源则是指学校正规的学术性课程和计划内的活动课程，它们都能够为学生提供有益的知识和经验。资源可以分为直接和间接两种，它们都能够提供有益的条件，促进学生的学习和成长，并帮助教师提高专业水平。作为一名化学老师，我们需要熟悉并充分利用各种资源。

新课程旨在建立一个由国家、地方和学校三个层面组成的课程体系，每个层面都具有自己独特的运行机制。国家级课程是一种重要的政治文化形式，它体现了国家的意志和权力，并且是三级课程中的主课程；地方课程反映了当地的文化和传统，是三级课程体系中的特色课程；校本课程是学校办学的重要组成部分，旨在培养学生的个性和能力，是三级课程体系中最具典型的课程。在新课程观下，如何有效地协调三级课程，使其有序地进行，是教师们需要提高的一种能力。为此，应以国家课程为主体，结合地方和校本课程，进行统一组织，以便更好地实现课程的整体性和有效性。

以前的课程重视的是传授知识，此次课程改革强调课程应当更注重引导学生学会学习、学会生存、学会做人。在选取知识的过程中突出了以下内容：能够激发学生喜欢化学、对化学感兴趣的知识；化学发展史中体现化学家科学精神的内容；教育学生关心社会，关心自然，养成良好品质的知识；学以致用，理论联系实际的知识；能够把基础知识与现代科技相联系，使学生认识到化学学习与现代生活实际有密切联系的知识；体现科学方法和科学态度，对于发展学生的思维方式、提高学生解决问题能力有利的知识；启迪学生心灵、教给学生方法，能够提高学生探究能力和创新能力的知识；与高新科技相联系的化学知识；现代化学研究方向和发展前沿的知识；与环保、能源、材料等学科相联系的知识[1]。也就说，只有整合了科学态度、科学方法、科学

---

① 毕华林. 化学新课程理念与实施［M］. 济南：山东教育出版社，2004.

精神的科学知识才是对学生发展最有价值的知识；只有与学生生活实际密切相关且与社会发展紧密联系的化学知识，才能真正地促进学生科学素养的提高。

此外，还需要对综合性课程进行整合。综合性课程旨在通过多种学科的知识、方法和过程来提升学生的能力。教师需要精心设计课堂活动，让学生在学习中体验到知识的丰富性和实用性，从而更好地掌握所学的内容。这个课程的内容远远超出了教师的知识和教学技巧，教师应该注重学习课程内容，仔细阅读，理解其中的要点，并着重抓住实质[①]。

二、教师应对挑战的对策

（一）思想观念要及时更新

在新的课程体系中，教材的难度显著降低，同时也增加了对新科技的介绍。在化学课堂上，我们的第一个目标是促进学生的全面成长，让他们成为一名优秀的公民。作为一名化学老师，我们必须将重心放在更广泛的化学教育上，而不仅仅局限于传授具体的化学知识，我们需要把这种方式转变成一种更加全面的化学教育。教学要面向全体学生，教师应意识到个体发展的差异性，以培养学生获得现代社会合格公民所必需的、最基本的化学元素知识。教师不但要教给学生化学基本概念、原理，化学知识和化学计算方法，以及基本实验技能，还要注意对学生进行思想品德、情感态度、方法态度等方面的教育。要重视培养创新的能力和创新精神，引导学生自觉地关心自然，关心与当代社会有关的化学问题，如环境、能源、材料、健康、医药与卫生等。让每一位学生在化学的学习中感受到化学与人们的生活息息相关，形成对化学学习的持久兴趣；要让学生多动手做化学实验和积极开展课外活动，使他们既动脑又动手，学会理论联系实际，学以致用；要启发引导学生自觉、积极和创造性地学习，不能只看重学生的考试分数；不是考什么就教什么，而是按课程计划和教学大纲的规定和要求，努力完成化学教学中的各种任务；要挣脱高考升学率的束缚，发掘教师的教学创造力，留心身边生动、形象、

---

① 车雪琴. 论新课程改革对教师专业能力的要求［J］. 吉林省教育学院学报，2012，28（1）：88-89.

鲜活的化学现象，让化学学习与实际生活紧密相联。另外，在新课程标准下，教师对学生的评价方式还应多样化。应舍弃以往轻视评价过程、重视评价结果的观念，要将评价贯穿化学学习的始终。

（二）教学方式要多样化

在高中的新课程体系中，教师不应该成为学生的领导者，而应该成为他们的伙伴，并积极参与到他们的学习过程中；在教育中，我们应该让师生之间进行有益的互动，促进彼此的成长。

1. 做一个化学学习的指导者

教师应以学生为中心，帮助他们明确学习目标，指导他们寻找有效的学习方法，培养良好的学习习惯，发展自己认知能力。

2. 善于发现问题并进行引导

新课程体系倡导学生的自主学习、合作学习和探究学习。在课堂教学中，教师可以通过创设问题情境，制造学生认识上的矛盾，形成认识冲突，使学生处于问题情境中，并产生强烈的追本求源的求知欲望，引导学生发现问题，解决问题；教师也可以通过课堂提问的形式，引导学生去质疑，激发他们的好奇心，让学习更有趣，让学习更有效。这样，学生就会更加自主、更有动力地去探索，这也培养了他们发现问题的意识，提高了他们解决问题的能力。

3. 积极参与化学学习

化学是一门基于实验开展的自然科学，学生应该不仅掌握基础的理论知识，还应该能独立完成化学实验。在学生独立完成实验的同时，教师应该仔细观察并倾听他们的反馈，并给出针对性的建议。戴安邦先生在多年的化学教学实践中发现，"学生在化学实验中是学习的主体，在教师指导下进行实验，训练用实验解决化学问题，使各项智力因素皆得以发展，故化学实验是实施全面化学教育的一种最有效的教学形式""教师应发挥化学教学的这一特点，让学生多作化学实验，把一些实验性实验改为探究性实验，培养学生动手实验和应用化学知识解决实际问题的能力"[①]。一个优秀的老师应该是一个乐观主动、勇于挑战自我、乐于分享知识和见解的人。

---

① 郑斌，王定华. 创新教育案例全书［M］. 北京：北京教育出版社，1999.

4. 创造的良好学习氛围

在过去，教师不仅要掌握课堂的进度，还要负责课堂的安排；不仅负责制定课程内容，还要负责对学生的表现进行评估。这极大地削弱了学生的创新能力，也给教师的教学带来了极大的限制。在新的课程体系中，教师应该努力创造一个公平、安全的学习环境。教师应该从权威者转变为学生的伙伴，从传授知识的角色转变为引导学习的指导者，从课堂的制定者转变为学生学习过程的组织者。在实验过程中，如果学生犯了错，教师应该采取适当的措施来帮助他们，如提供心理支持或精神激励，帮助他们正确看待错误，并通过失败来积累经验，培养他们独立思考的能力。在一个安全、平等、和谐、充满乐趣的课堂环境中，教师应该与学生进行广泛的沟通，互相启发，帮助学生拓展思维，引导他们深入思考，激发他们去探索未知的领域。

5. 利用现代化教学手段

教师应充分利用现代教学手段，使化学课堂变得生动活泼，引人入胜。例如，在讲"分子、原子、电子的运动"时，如果用语言描述，则费时又费力，且学生会觉得抽象，难以理解，从而导致课堂效率低。但若用电脑模拟微粒的运动，并呈现在荧屏上，学生就能直观、生动地体验微观世界的运动，这就极大地调动了学生学习化学的积极性，也提高了教学效率。

6. 完善教学评价方式

教育的对象是学生，学生的发展是多方面的，因此，教师教学评价也应该是多方面的综合评价。教师不但要注重教学结果，更要注重教学过程，要从德、智、体、美等方面去考察判断和评价。教师不仅要检验学生已知的知识内容，还应测试其潜在的智能、倾向以及情感态度和价值观的形成。

（三）教师要具备完善的科学素养

20 世纪 70 年代，科学素养的内涵可理解为科学知识、科学能力、科学品质。后来，出现了"多层面""多要素"之说。新课程标准提出后，又倡导从知识与技能、过程与方法、情感态度与价值观三方面为学生的科学素养打好基础。新课程标准下，高中化学教师也应具备完善的科学素养。

1. 要具有深厚的科学文化素养

高中化学新课程包括学习领域、科目和模块三个层次，设置了以分科为主、包含综合实践活动的课程。新课程内容和课题研究涉及多门学科知识，因此新课程体系下，教师要努力完善自己的知识结构，做到关心哲学、生命科学、心理科学、社会科学和自然科学，懂得科学、技术及社会发展的科学原理，以自身专业知识为骨架，构建与人类生活有关的知识体系网。要拥有扎实的专业知识，不仅要掌握化学基础知识，还要懂得化学生活、化学与健康、化学与材料化学与环境保护、化学与资源利用等化学前沿知识。除了精通化学专业知识外，教师还需了解物理、生物、地理、历史、文学、艺术等知识，掌握计算机和英语等工具类知识，形成一个整合的自然科学知识体系。另外，教师还应具备一定的现代课程理论修养，从理论的高度去认识课程改革，留心教育学、心理学等知识，利用多智能理论建构主义，通过自主学习、探究学习、合作学习和反思学习等先进教育理论，掌握适应课程改革需要的教育思想、教学方法和教学技能。新课程体系下完善的教师知识不仅仅是指教师广博的知识面和对知识的深入了解程度，也指教师能够运用科学方法理解和掌握知识发展的过程及后果，以胜任不断变化的教学任务。教师教学要勇敢地打破学科界限，从单纯的化学教学中跳出来，挖掘各学科知识的相互联系，把教学任务置于一个整体中进行，以最优化的方式引导学生。例如，教师在完成"用途广泛的金属材料"这一教学任务时，可以通过讲述历史故事的形式介绍金属在古代有哪些用途，制成了什么器皿。由于历史和地理联系密切，教师又可以引导学生从地理知识的角度去分析金属出现在不同时期、不同地方的原因，最后联系如今我们周围这些金属在生活、医学、军事等方面的应用，从而对这些金属的性质和用途有了深刻的了解，学生也就可以自主总结和归纳了。

2. 应具备综合的能力素养

　　未来的社会将超越传统的学术界限，学生们将面临更加复杂的挑战，这些挑战既包括各个领域的知识，也包括跨越多个领域的技能，需要学生全面考虑，深入思考。学生的学习不只是解题，更重要的是联系生活实际，将所学知识加以应用，并在此过程中培养学生分析问题和解决问题的能力。作为学生的指导者，教师也应具备综合的能力素养。我们处在一个知识爆炸的时代，各种信息良莠不齐，这就要求教师具有判断、选择和获取信息的能力；面对教育改革浪潮，教师则需具备创新思维的能力。教师是专业教学人员，除了要具备一些基本能力外，还必须拥有其他的一些能力，如教学技能、教学组织能力；运用新理论、新技术辅助教学的能力；将各科知识建立有机联系的能力；引导学生把知识应用到社会生活实际中的能力；对学生管理的能力；与不同学科教师打交道的能力；等等。

3. 要拥有崇高的科学品质

所谓"为人师表"，是指教师是学生学习的楷模和榜样，教师的一言一行、一举一动都在潜移默化中影响着学生，因此，教师要想出色地完成自己的工作，除了要具有深厚的科学文化素养和综合能力外，还应具有以下品质。

（1）拥有强烈的参与意识。改变过去"两耳不闻窗外事，一心只教圣贤书"的情况，在完成教学任务的同时，积极参与学校管理工作，参与社区发展与相关建设工作，给学生树立良好公民的形象，也鼓励学生参与到相关活动中来，从化学的角度去思考和分析问题。

（2）树立科学的价值意识。不仅要懂得科学技术是社会发展的有力杠杆，还要深刻了解科学技术与社会道德的紧密联系，让学生了解学习不是为了高考，而是为了适应社会和国家的发展，为做一个有意义、有价值的人而学。

（3）树立开放的创新意识。在教学过程中，教师要不断接纳新的科技成果，接纳不同的价值观，鼓励学生在学习过程中勇于探究，大胆假设，积极进取，不断创新。

高中化学新课程体系构建了有助于不同学生不同发展需要的目标体系，以"知识与技能""过程与方法""情感态度和价值观"三方面为课程目标，将课程结构分为两大模块：必修模块和选修模块。学生在完成必修模块的学习后，可以根据自己的兴趣、爱好及生活经验选择选修模块的相应课程，提高学生学习化学的兴趣。新课程改革更加注重基础性、社会性、文化性和发展性。所以，对教师的思想观念、教学方法和科学素养也提出了新要求。新课程体系下，教师教学不再是以培养"尖子生"、送其入大学为最终目标，而是要注重个体发展，努力培养德、智、体、美全面发展、具有科学探究和自主学习精神的学生。同时，教师的教学方式也要革新。总之，新课程体系下的高中教师要改革传统的教学观念和教学方法，从思想上提高认识，从行动上跟上时代发展的步伐。

第二节 新课程改革下的化学教师职业素质

在新课程改革中，教育界面临着巨大的挑战，尤其是如何提高教师的专业能力是需要面对的一个问题。"课程即教师"的课程改革最终取决于教师的教学能力和教学方法。毫无疑问，教师是将理想与现实、理论与实践完美结合的"桥梁"。作为一名教师，如果缺乏对理论的深入研究和对实践环境的准确把握，将学生引导到正确的方向上将会面临挑战。因此，如何让教师树立正确的教育观念及信念，具有乐业、敬业和奉献的精神，拥有深厚的科学与人文素养及高尚的人格魅力，准确判断新形势、新问题，迅速作出正确的决策和选择，是整个教育界及社会的共同追求。

一、教育素质

现代教育的文化理念旨在超越传统教育，培养具有创新精神和良好道德的人才。

（一）教师职业观的人文化

教育不仅是一种技能的培养，更是一种促进社会发展的重要力量，它能够帮助人们建立健康的心理状态。从根本上讲，教师的工作是一项重要的使命，旨在通过传播人类的文明成果来塑造学生的思想和品德。自第二次世界大战以来，许多国家都在大力推进教育改革，其不仅扩大了普及文化教育的范围，还加强了学科专业教育，着重培养了专业人才；另一方面，我们更加重视理论学习和实践训练，以增强教育的实效性。我们应该把重点放在培养专业技能和提高实际操作能力上，并将人文教育和科学教育结合起来，让人们更好地理解和体验科学的真谛，特别是要挖掘它们之间的共同价值。

（二）师生关系民主化

随着时代的发展，教师的职责不仅仅局限于传授专业知识和技能上，还应该注重培养学生的社会道德观念，如同情、宽容、对公众利益的关注以及建立良好的人际交往。罗杰斯的非指导式教学理论、苏联的合作式教学理论、以能力和情感为基础的教育理论，以及教育伦理学的发展，都在推动学校的人文化发展，教育的民主化则是这一进程的基础。在师生关系中，民主因素，如真诚、接纳、理解和平等，正在被越来越多的人重视。

（1）作为一名化学老师，需要对学生的学业负责。新的课程改革需要化学老师不断努力，让更多的学生受益。他们需要坚持"所有的学生都能够学习"的原则，并且尊重每一名学生。此外，他们还需要不断地观察和了解学生的兴趣、能力、知识、家庭背景以及与同伴的关系，并且不断地调整自己的教学方法，以适应学生的需求。他们还需要掌握最新的认知和知识理论，并且能够灵活地运用它们来指导学生的学习。通过深入研究和实践，我们可以更好地理解科学在社会、文化、环境和人类行为中的重要性，提高我们的认知水平，激发我们的学习热情，培养我们的科学素养、公民责任、情感和人文价值观，以及对个体、文化和宗教的尊重。

（2）作为一名化学老师，需要非常了解课程内容，准确地向学生讲解相关知识。新的课程改革需要化学老师具备深厚的学科知识，熟悉各门学科的发展历史，深入理解它们之间的内在联系。这样才能教好学生，促进其更好地发展。

二、教学素质

教师的教学活动具有创造性，它能够根据课堂环境的变化，以及个人的经历、价值观等，为学习者提供有效的指导，从而达到预期的教学目标。因此，教育的核心特征在于其过程性。通过"实践理性"，生成性教育注重"实践理性"，强调学习者与环境的相互影响，倡导目标与行为的一致、过程与结果的一致，反对将预期的目标限制于实践的步骤中，并且给予学习者和教师更多的自主权。重视学生和教师在教育过程中的主观能动性和创新思维，这体现出教育对于培养人的自我价值和个性解放的持续努力，也反映出当今社会的发展趋势。

（1）从传统的知识传授模式出发，将重点放在培养学生的全面发展和创新能力上。在化学领域，我们正在朝着一个更加重视培养学生科学素养的方向发展，这一过程将会超越"双基"这一传统的基础知识和基本技能。换句话说，学习化学需要涵盖三个主要领域：理论和实践、过程和方法、情绪和价值观。

（2）从传统的封闭式教学模式转变为更加开放的教学环境。化学教育的内容和时空的开放性为学生提供了更多的可能性，这也是我国基础教育改革和创新人才培养的重要举措。这给化学教师带来了前所未有的挑战，他们需要拥有开放的心态、开放的思维和开阔的视野，以便更好地融入学校和社会的实际，并在此基础上进行创新性的教学实践。年轻的教师应该充分利用自己的专业知识和技能，为了提高教学质量，中老年教师应该超越传统的思维方式，并且积极探索社会生活、科技进步以及化学之间的联系。

（3）从局部知识的积累转变为全面的网络知识，以提升个人的知识结构。新的课程改革对我们提出了更高的要求，同时也需要拥有良好的学术背景才能胜任教学工作。新课改"重视科学、技术与社会的相互联系"，强调要加强"化学与日常生活的联系""关注学生在情感态度与价值观方面的发展"，重视衔接和贯穿有关主体和教育内容，重视学生"逐步形成终身学习的意识和能力"。为了满足这一要求，需要不断改进教师的知识结构和知识储备。

（4）教育模式正在从以往的单一指导转变为以师生共同参与为主的模式。过去教师的重点在于如何传授知识，现在他们应该更加关注学生的学习方式，并努力推动他们的学习方式的完全改变。

（5）教师的角色正在从传授课程任务的人转变为课程实践研究者。根据国家基本要求，新的教材改革旨在推动教师创造性地进行教学，以满足学生多样化发展的需求。新课程改革应该更加具体化，以便为教师提供更多的创造空间，从而使教材的内容体系、活动方式、组织形式和考试评价等方面得到更大的改善。根据我们的研究观点，教师的发展方向应该为：从教书育人到研究型教师，再到专家型教师，最后是学者型教师。

（6）随着时代的发展，教育技术也在不断演进。化学实验是化学学科的核心，它不仅能够为化学教学带来优势，也能够为实践教学提供支持。为了更好地提升化学教学的效果，我们应该加强对化学实验的重视，以便更好地培养学生的相关知识和技能，激发他们的学习兴趣，培养他们的道德品质。只有通过这种方式，化学教育才能真正具有独特性。随着化学实验重要性的日益增加，研究和掌握实验技能已经成为化学教师职业发展的关键因素，这也推动了化学教育的进步。

三、知识素质

随着新课程改革的推进，化学教师的专业能力需得到极大的提升。化学教师不仅需要掌握学科专业的基础知识，还需要拥有丰富的实践经验，以满足不断变化的教育需求。实践性知识是将这两种专业知识有机结合起来的关键，它可以帮助教师更好地理解和解决实际问题，提升教师的专业素养。这一漫长而复杂的过程将伴随着教师的一生，使其能够不断地进行自我提升和完善，从而实现终身学习和教育的目标。

诺尔斯在当代美国成人教育中提出了一系列关于教师学习的理论，包括但不限于以下内容。

（1）教师们都拥有明确的个人目标和良好的学习方法。

（2）教师们具备丰富的教学经验，他们的知识和技能能够为学生提供宝贵的学习指导。

（3）教师的学习能力取决于其在社会中扮演的角色。

（4）教师的重点并非在于学科知识，而是关注如何将所学知识应用到实际生活中。

（5）教师的学习更多地依赖于他们的内心驱动力。

（6）作为一名教师，我们必须理解学生的认知需求，并且在开始学习之前就进行探究。

我们应该加强彼此的尊重与合作，并建立一个有效的沟通、规划、检查、评估的机制。"研究课堂教学，追求有效教学"一直都是教育界的重要议题。

拥有多元化的知识和技能是教育成功的关键因素。作为一名合格的化学教师，不仅要掌握学科的基础理论和知识结构，还要具备将其转化为有效的教学方法，即将其分解为更小的知识单元和技能单元，并根据学生的认知风格、情感需求和个性特点，采取个性化的教学方式，以满足"一般发展区"和"最近发展区"学生的学习需求。在化学教学中，教师应该尽可能全面地了解学生的知识背景、认知风格和心理特征，这是保证教学有效性的关键。只有对学生有深入的了解，才能更好地运用不同的教学策略，从而更有效地传授知识。

尽管化学教师通常都接受了全面的专业培训，以便能够掌握有关化学、教育、心理学等领域的知识，但随着现代社会的发展，知识的变化越来越迅猛，因此，他们必须拥抱变革，不断提升自我，以适应当今的发展趋势。他们需要持续地汲取新的思想，以便能够把握当下的机遇，并且能够有效地利用现有的资源，以满足日益增长的需求。作为一名化学教师，在不断更新和重构知识的过程中，不仅要掌握陈述性知识，如化学科学中的新理论、新定律、新概念、新思维等，还要掌握程序性知识，包括75%的教学策略、教学技能和实验技能。只有这样，才能够更好地指导学生学习化学，提高学生的学习效率。除了持续地反思自身的教学理论、技巧、实验，化学教师还应该积极探索新的教学方法，以更好地满足学生的需求，并且不断地创新，以解决日益增长的新挑战。

四、学术素质

为了更好地实施新的课程改革，化学教师需要加入到一个充满活力的学习型团队中，并且能够与各种专家和领导进行协作，以便更好地完成学校的教学目标。可以通过深入了解教育目标，准确地衡量学校的发展情况和资源有效利用的情况；深入探索各类学校和社会资源，以及它们的优势，以便更好地利用它们，如"探究性实验小结与札记""教学自传撰写与研究""合作性自传研究"等，以此来帮助学生快速提升其专业技能。

舒尔曼指出，教育实际上就是一种"学术的专业""一种复杂的智慧性工作"的实践和实现。作为一名优秀的化学教师，我们应该具备化学史、化学组织、概念结构、探究方式，以及跨学科的人文课程、课堂管理、学习者及其特征、教育情境等多种知识，以便能够更好地指导学生的学习，同时也能够更好地参与到学术社团的活动中来。在真正的化学教师职业发展中，"实践智慧"的认知情境理论为我们提供了一种新的视角，以更加全面、有效的方式来提升教师的能力。通过不断的反思和实践，化学教师可以积累丰富的课堂教学经验，并且能够与学校同事建立良好的合作关系，从而有效地提升自身的学术素养。当今的化学教育已经超越了传统的化学知识和教学理论，涉及社会、环境、生物、物理、哲学、伦理等多个领域，为学生提供了更加全面的知识和技能培养。随着"教师要成为专家"要求的出台，教师职业素质的提升得到了极大的重视，教师的职业地位和素质也得到了全面的提升，这成为教育发展的重要支柱。

五、人格素质

人格，也被称为个性，它体现出一个人与众不同的思维特性，反映出其内心深处的情感、意志、兴趣、动机以及信仰等多方面的特征。它不仅仅是一种外在的表现，更是一种深层次的思考过程，是一种自我实现的过程。

穆勒在《论自由》中指出："人性不是一部可以按照固定模式建造，并能精确按照程序工作的机器。人性宛如一棵树，在内部力量的作用下，充分地发展各个方面，成为一个充满生命力的事物。"[①]

教师的优秀品质可以深刻影响学生的思想和行为，它可以提升学生的自信，使其获得更多的社会认可。拥有崇高品德和素养的教师，能够赢得学生的尊重、信任和忠诚，激发他们对学习的热情。这种深远的影响力可以持续改变学生的思维方式，调动他们的积极性，增强他们的学习动力，提升教育的整体水平。

"爱、德、才"是教师的个性特征并构建了他们个人的文化品质。"爱"是教师的精神支柱，是他们的灵魂所在。这种爱不仅仅是对本职工作的热爱，而是对教育事业的深深热爱，它能够激发教师的潜能，让他们全身心地投入到教育工作中。只有真正热爱学生，才能全心全意地关注他们的成长，这是我们最重要的责任。乌申斯基认为，爱是教师人格力量的灵魂。这份深沉的爱，以一个充满关怀的眼神传递给学生，贯穿了整个教学过程；这份爱是慷慨的，它就像一片滋润着所有孩子的土壤；它是一把钥匙，可以打开学生的心灵，激发他们的潜能，让师生之间建立深厚的感情。

"德"是教师个性魅力的核心。"德"指的是教师的道德修养，它体现在他们以优秀的品行来引导学生，帮助他们获得健康的心理和道德发展。强调的是，现代教师在传授知识和技能方面的表现比古代更加出色。这种教育方

---

① 张俊. 温馨教室中小学班集体建设的新探索［M］. 桂林：广西师范大学出版社，2018.

式不仅需要持之以恒的教学态度、宽容的胸怀、谦逊的态度，更需要尊重学生、理解他们的需求，以及追求真理、捍卫真理的科学精神。

"才"是教师人格魅力的象征，教师的才华体现在他们的知识储备上。拥有丰富的知识储备对于教师来说无疑是一种必备的能力，它可以帮助他们更好地指导学生，并为他们的成长提供支持。此外，这也是衡量一名教师专业技能的重要指标。拥有丰富的知识和开阔的视野，以及全面的科学素养，是提高教学效果的关键因素。教师的智慧和创造力是他们的重要特质。教师应该充分利用教材的优势，创造性地运用多种形式的教学资源，使课堂更加生动、有趣，从而达到最佳的教学效果。

"学高为师，身正为范"旨在概括教师职业的特点和专业技能，并为现代教师的人格塑造提供指导。苏霍姆林斯基曾经指出，"学校好比一种精致的乐器，它奏出一种和谐的旋律，使之影响每一个学生的心灵，但要奏出这样的旋律，必须把乐器的音调准，而这种乐器是靠教师、教育者的人格来调音的。"[①]现代教师的人格对学生的发展和社会的发展都起着至关重要的作用，它不仅影响着教育过程，还是社会精神文明建设的重要组成部分。

第三节　化学教学中常用的教学策略

一、教学策略的内涵

目前为止，世界各地的学者对教学策略的界定各不相同，他们之间存在着一些普遍的共识和明显的差异。通过制定明确的教学目标，以及针对不同的教学环境，我们可以制定出具体的、有效的、可行的教学策略。有些人把教学策略看作是基础的理论，另一些人则把它看作是实践的思维方式；一些人将教学策略视作一种独特的教学手段，另一些人将教学策略视作一种计划，但他们对于这种计划的归属却存在着不同的看法。因此，我们应该探讨教学策略、教学理念、教学模式、教学设计和教学技巧之间的差异。

---

① 宋德新. 大学校园文化建设［M］. 天津：天津人民出版社，2006.

（一）教学策略与教学思想

在某些情况下，教学策略可能会比教学理念更有效，教学方法和人的思维方式密不可分。所有的教学方法都建立在特定的教育理念之上，不同的教学方法反映出不同的教育理念。教学策略和教学理念之间存在着密切的联系，它们的表现方式各异。教学理念处于更高的层次，是一种理论和观念的综合体；教学策略则不仅包含理论，更是一种实践性的思维方式，它将教学理念转化为具体的行动。不同的教学策略并非总是基于同一种思想，它们可能来自多种不同的教学原则和思维方式。

（二）教学策略与教学模式

教学模式描述了一个系统的、符合特定的教学原则的、能够满足教学目标的、可操作的、实用的、可靠的、可持续的教学方法。通过改变教学方法和策略，可以更好地实现教学目标。"模式"和"策略"都是标准形式，它们都具有稳定性，一旦确定，就不会轻易更改。"某种事物的标准形式"更多地体现出了其对实际情况的灵活应对，而"策略"则更多地体现出对变通的考虑。因此，教学策略具有极大的灵活性，可以根据当前的情况，不断地调整和完善教学内容、方法和组织形式，从而更好地满足当前的需求，并最终实现总体目标。教学模式可以被视为一种活跃的过程，它不仅体现在教学策略的形成上，还能够激发出更多的创新思维和创造力。随着教学模式的确立，我们需要制定出更加精细化的教学策略，它们不仅仅是宏观的指导思想，更是一种细节的"战术"。

（三）教学策略与教学设计

相对于教学设计，教学策略更能够适应变化。一些学者认为，教学策略就像是一种教学设计。在进行教学活动之前，教学设计至关重要，它为我们提供了一份完善的规划与安排。教学活动方案是通过教学设计的结果和文字表达来实现的。许多教学策略旨在实现特定的教学目标，并通过有效的活动来实现这些目标。在教学策略和设计方面，它们有很多共通点。然而，教学策略的可操作性、广泛性以及其他因素都大大不同于传统的教学设计。

教学设计通常用于某一特定内容，但教学策略可以应用于多个不同的课程。"氨和铵盐"的教学方法仅限于"氨和铵盐"，但"角色扮演"的教学方法则能够应用到各种不同的课堂环境中。在教学设计中，应当仔细考虑如何选择和运用最佳的教学策略，并且要全面考虑整个教学过程。

（四）教学策略与教学方法

在某些情况下，教学策略可能会比教学方法更有创意。许多学者认为，教学策略和教学方法在某种程度上是相似的，它们的本质差异在于它们基于的思想和原则。不管是简单的还是复杂的，教学策略和教学方法都必须建立在特定的教育理念之上，但这些理念可能不完全符合实际情况。在教学中，策略比方法更为重要。教学策略应该更加注重实践性和可操作性，并且应该包括对学生的监督和反馈，这样才能更好地提高教学效果。

根据上述观点，教学策略是一种有效的操作模式，它在一定的教学理论指导下，通过精心挑选和组织课程内容、形式、方法和技术，实现达到预期的教学目标的目的。

二、教学策略基本特征

（一）思想性

在教学思想的指导下，选择或制定合适的教学策略是一项复杂的任务，需要综合考虑多种因素，包括教学内容、媒体、组织形式、步骤和技术等。

（二）可操作性

教学策略并非一成不变的理念，也不仅仅局限于某一特定的教育理念，它更多的是一个实用的、可以被实践的计划，它包括了清晰的目标、实施步骤以及相关的实施细节。

（三）灵活性

根据学生的不同特点和需求，教师应当采取有效的策略，结合多种媒体、组织形式和方法，确保教学过程的有效推进，实现达成教学目标和任务的目的。

三、常用的化学教学策略

教学策略有多种类型，根据认知过程四要素来划分，可以把它们划分为四类。

（一）激起认知动因的策略

只有进行全方位的投入，才能获得真正的学习成果。学习的基础是每个学生的认知结构和意向状态，它们相互促进并发挥作用。现在，情感化和技术化已成为激发学习动力的重要策略之一。

通过采用多种有效的方法，化学课堂能够唤醒学生的学习热情。通过观察新闻媒体中有关化学品的报道，探索其中的奥秘，将其与日常生活紧密结合，可以激发学生对化学的兴趣，提升自身的认知能力。

（二）组织认知内容的策略

学习者的思维模式是由课程、教材、教学计划等组成的，因此，应该努力寻找一种能够让学生更容易理解并运用所学知识的表达形式。

通过使用各种工具，如结构图、表格、概念图、物质转化关系，可以有效地组织化学课程的内容。此外，还可以通过将元素化合物的知识与理论相互联系，并通过分层次的方式来提高对复杂概念的掌握。

（三）优化认知方式的策略

通过实践和创新，才能真正掌握知识。古代中国的教育家们极力推崇"道而弗牵，强而弗抑，开而弗达"（《学记》），认为它可以帮助他们实现教学的极致。

经验丰富的化学老师会积极采取措施来提升学生的学习效果，包括探索性学习、自主学习和合作学习等多种教学方法。通过实验、讨论、辩论、参观和竞赛等方式，可以有效地改善认知模式，从而提升学习效率。

（四）利用认知结果的策略

在化学课堂上，一个显而易见的问题就是：学生知识的遗忘率高，教师的授课缺乏针对性，从而导致课程目标的实现效果不佳。为了解决这些问题，应该重视对学生学习成果的评估和有效利用。通过反馈策略，可以最大限度地控制教学目标的实现。事实上，通过反馈，可以改变学生的学习方式，并且调整教师的教学方式。通过让学生独立完成试题、建立错题本、尝试多种解决方案，以及运用认知结果的策略，可以有效提高学习效率。

根据学习类型，教学策略可以划分为两大类。

1. 直接教学策略

采取直接教学策略可以更好地理解事实、遵守规则并且更容易掌握动作，通常可以帮助学生更好地掌握认知、情感和技能方面的基础。学习元素符号、核外电子排布规律、物质量浓度溶液配制方法等，不仅可以帮助我们更好地理解实际现象，还能够掌握相关的规则和动作序列。直接教学策略是一种以学生为中心的方法，重点关注如何提供有用的信息。教师的职责在于通过最简单的方法向学生展示现象、原理和行为模式。一般来说，教学方式应该是以交流为主，包括提出问题、进行讨论和实践、帮助学生解决错误。

2. 间接教学策略

通过间接教学策略，可以更好地理解概念、模式和定理、规律，从而提高学生的认知情感和技能水平，达到更好的学习效果。通过分析现象、推断数据、进行验证，以及总结概念、建立定义、发现联系和相互影响，这种方式被称为间接教学。间接教学策略，可以采取多种方式，如先行组织、问题引导、探索发现以及利用前沿概念等，达到教学目的。

研究教学策略的一个优点在于它的灵活性。通过制定一个具体的教学方案，我们可以创造出一种有效的教学策略，构建一个完善的教学系统。因此，教师们可以根据自身的教学经验和实践，创新出更有效的教学方法，而一个庞大的研究小组也应该将这些创新性的教学方法作为其研究的重点。通过综合考虑教学目标、课程内容、教师能力以及学生的实际情况，精心设计出有效的教学模式和策略，是提升教学质量的关键手段。

第四章

多种教学模式在高中化学
教学的应用

本章主要介绍了多种教学模式在高中化学教学的应用，分别讲述了形式多样的教学模式在高中化学教学中的应用和开放式课堂在高中化学教学中的应用。

第一节　形式多样的教学模式在高中化学教学的应用

一、化学多媒体教学模式的应用

（一）化学多媒体教学的策略

1. 多媒体是教学辅助手段

虽然多媒体教学可以为课堂教学提供更加丰富的内容，但是还远远不够，需要结合其他有效的工具，才能真正发挥出它的最大效用。应用系统思维和方法，重点关注多媒体教学，利用音像动画等技术手段，解决传统教学中存在的挑战，充分发挥多媒体技术的优势。多媒体教学是化学课程的一种重要方式，它可以帮助学生更好地理解概念、定义和结论，并且可以让学生通过幻灯片和板书来更直观地学习分析仪器的结构和流程图。此外，教师还可以通过启发式讲解和板书来帮助学生更好地理解课程内容。

2. 确保教师的主导地位

使用多媒体技术可以帮助教师扩展课堂内容，提高课堂教学质量。在教学过程中，选择是否运用多媒体工具，以及如何运用它们，都会影响课堂效果。然而，最终能否成功地运用多媒体工具，还在于教师是否具备良好的专业知识。通过使用多媒体技术，可以更好地进行信息传递，教师则需要在这两者之间找到平衡。在教学中，形式应该与内容相结合，这是一个重要的准则。没有教师的指导，多媒体技术将不能发挥其应有的效用。多媒体是一种辅助技术手段，是教师教学活动的重要工具。它应该在必要时使用，而不是仅仅为了使用而使用。

3. 多媒体教学与传统教学方式相结合

在传统的教学方式中，教师们会通过使用恰当的语调、肢体语言等方式来激发学生的兴趣，让他们能够专心致志地听课。而站在讲台上的教师，则能够展示出自己的风采，让他们的授课更具感染力，从而赢得学生的信任，并最终取得授课的最佳效果。教师在教学过程中，要根据所授课程的特点，灵活运用多媒体技术，结合传统的教学方式，将其优势发挥出来，并且灵活调整讲授的节奏，以达到最佳的教学效果。教师的板书是至关重要的，它能够帮助学生理解课程内容的结构，并且与课件中的重点内容相结合，让学生更好地理解课程，从而提升教学效果。如果教师能够不断探索、改进和完善多媒体教学，它将会变得更加有效和有趣。

（二）运用多媒体技术优化教学

1. 处理好教师与计算机关系

在化学课堂上，教师的角色和责任甚至超过了使用电子设备。课件的重要性不可忽视，但要想让它真正起到应有的作用，教师就必须采取合理的措施，将其融入教学过程中。因此，在利用多媒体技术来提高课堂效率的过程中，教师应该坚持"学科为主"的理念，并且要遵循"适时"和"适度"的准则，而不是仅仅停留在表面的形式上。切记，计算机多媒体一直都是课堂教学的重要工具，不应该被滥用。

2. 处理好教师和学生的关系

如果在化学课堂上，教师和学生只是单纯的知识输出方和接受方，没有真正的互动，他们很快就会产生厌烦的情绪。因此，使用多媒体进行授课时，必须认识到学生的重要性，让他们成为教学的主体。我们的教师需要在设计教学内容和选取某种教学方式的同时，也考虑到了学生的需求。在选择或制作课件时，应该既能够唤起学生的审美情趣，又不会让其对科学知识产生误解；课堂上，我们会同时使用教师讲解和多媒体课件两种授课方式；课后，通过教师或学生的讨论来进行总结，以促进师生之间的交流与互动。

3. 处理好两种教学方法的关系

经过多年的化学教学实践发现，传统的教学方式和现代的多媒体技术都具备独特的优势，它们之间并不矛盾，反而可以彼此补充。通过正确地处理这两者之间的关系，使它们能够有机结合起来，将会取得理想的教学效果。例如，在讲授以计算内容为主的课程时，教师可以利用粉笔和黑板来帮助学生更好地理解知识，这样，学生就能够更好地跟随老师的思路，并能够举一反三地理解所学内容。如果采用多媒体技术，将设计好的内容展示在屏幕上，可以大大拓展教师的讲解范围，也可为学生提供更多的思考空间，让他们能够更深入地理解课程，而不仅仅停留在表面的表述。

再如"离子键和共价键形成过程"的内容，可能会让人觉得抽象、乏味，但如果能够利用多媒体技术，将其可视化、可触及的、可操作的，学生就能更好地理解课程内容。通过多媒体课件，学生可以清晰地了解离子键电子的转移、阴阳离子的形成，并且可以通过三维图像或动画模拟，让他们更加直观地感受到化学键的实质和特征，达到更好的教学效果。

（三）化学教学中多媒体课件的应用

1. 教学内容要通俗易懂

使用多媒体工具，可以将课程内容呈现得更加丰富和生动。教师设计课程内容时，应该考虑课程的实用性，并根据课程大纲和学生的需求进行选择。同时，教师也应该注意课程的重点，并保证课程的逻辑性。教师在授课时应该特别注重把握课程内容的数量，要根据学生的理解能力和接受度去选择内容，以便更有效地传授知识。

2. 教学形式要多样有趣

通过利用多媒体技术，教师可以创造出一个丰富而有吸引力的化学课堂，让学生们能够更加深入地理解和掌握知识。利用多媒体技术，我们能够更有效地传播和讲授复杂的化学知识，帮助学生更容易地理解和记住知识点，达到更好的教学效果。

3. 利用多媒体攻克疑难实验

多媒体教学的独特之处在于，它不仅可以帮助学生更好地理解和掌握一些抽象的、难以实施的化学实验，还可以通过反复演示，让学习变得更加容易，大大减轻了化学教学的负担。随着多媒体技术的发展，许多大型工业生产过程已经不再局限于传统的化学课堂，这为化学教学带来了更加便捷的学习环境。比如，工业硫酸的制造需要一个复杂的过程：首先，将黄铁矿经过高温燃烧，形成二氧化硫；其次，在催化剂的作用下，二氧化硫与氧气发生化学反应，形成三氧化硫；最终，三氧化硫被浓硫酸吸附，形成发烟硫酸。但是，由于此过程可能会释放有害的化学物质，因此，操作时需要特别注意防护。而通过使用多媒体工具，教师就可以解决这一问题。通过模拟一些不适合在课堂上进行的实验，在保证安全的前提下，提高学生的理解能力，并扩大他们的化学知识面。

4. 防止多媒体课件的滥用

（1）多媒体课件要防止粗制滥造

虽然多媒体课件为化学教学提供了前所未有的便利，但也不可忽视的是，由于部分教师缺乏足够的专业知识和技术，导致许多化学课课件质量不过关，无法发挥出它们应有的作用，甚至会影响学生的学习，让他们只能在表面上浏览，很难深入理解相关知识。为了让学生在化学课件的帮助下获得更多知识，教师应该谨慎挑选课件，确保它们是最符合学生需求的，并且能够与教学内容相结合。这样，才能够帮助学生更好地理解和掌握化学知识，并培养他们的学习和思考能力。

（2）多媒体课件要防止滥用

教师应该认真思考如何利用多媒体工具来改善化学课堂的氛围，将其作为一个有益的授课辅助工具，但不应滥用通过使用多媒体工具，可以帮助学生更好地理解和掌握化学知识，并培养他们的探索精神和实践技能。

二、项目教学模式的应用

（一）化学项目教学中师生角色的定位

1. 传统的师生角色定位

在我国，传统的教育方式往往将教师作为核心，并将其视为掌握知识的主导者。以控制学习者为基本理论的教师的角色定位为：知识的传授者、人类文化的传递者、学生灵魂的塑造者。学生在课堂上处于不利的位置，他们只能作为一个简单的知识接收者存在而无法发挥自己的潜能。在传统的教育模式下，师生之间的角色扮演是如图 4-1-1 所描述的。

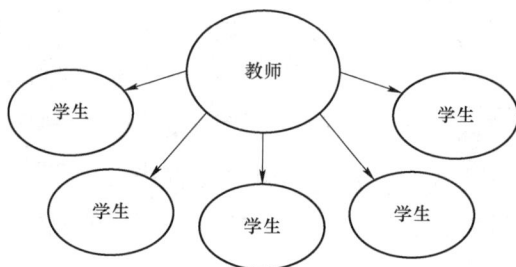

图 4-1-1 传统教学中的师生关系

在传统的化学课堂上，学生们被动地接受的知识，他们只关心获得的结论，而忽略了学习的过程以及如何运用这些结论来解决问题。在课堂上，老师会用有趣的方法向学生介绍化学知识，并且会提供丰富的实践性作业来帮助他们理解和掌握。教师以其权威的地位指导学生，使学生产生了对教师的依赖，从而导致学习缺乏积极性。学习过程中，师生之间的互动相对较少。随着时间的推移，师生之间的联系日益减少，学生对化学的热情也逐渐消退。

2. 项目化教学中的师生角色定位

为了弥补传统教学上的缺陷，院校开始实施项目化教学，并取得了显著的成效。随着项目化教学模式的开展，院校师生不断调整自身角色定位，教师从传授知识的角色转变为引导学生、提供信息咨询、促进知识构建和团队协作的角色，学生也从被动接受教育转变为主动探究、实践知识构建和团队协作的角色，并在交流中获得更多的知识。

（1）教师是学生的导师，学生是主动学习者

通过项目化教学，教师的角色发生了重大改变，他们不再仅仅是传授知识，而是负责引和指导。通过项目化教学，教师可以把化学的基础知识、实践技能和专业要求有机地融入课堂上，并通过创新的教学方式让学生进行多角度的思考、分析和总结，从而更好地掌握所学的内容。通过项目学习，学生们可以获得更多的知识和技能，从而更好地理解"学习者"这一角色转变。为了实现项目的目标，他们积极主动地学习，利用教材、图书馆、计算机、网络等多种技术资源，在共同讨论和交流的过程中，进行信息分析和处理，激发思维，以达到最佳效果。

（2）教师是信息的咨询者，学生是信息的探究者

通过项目化教学，老师不仅要为学生提供有用的信息，还要协助他们进行有效的设计、搜索，收集有用的资源，激发他们的积极性，使他们能够有效地理解和掌握课程内容；通过提供有效的方法和策略，帮助学生总结他们所掌握的知识，并将这些知识应用到实践中。通过项目化的教学，学生可以成为一个有洞察力的探究者。通过项目化教学，学生可以深入探索、思考、实践，以及利用问题来寻找最佳解决方案，从而更加积极、主动、有效地应对外部环境的挑战，并最终达成预期的结果。

（3）教师是知识构建的促进者，学生是知识构建的实践者

通过项目化教学，教师可以帮助学生更好地理解课程，并将其与自己的专业背景和职业发展相结合。这需要教师具备出色的创新思维和应变能力，同时也需要掌握丰富的化学知识，并且对学生的专业发展目标和职业规划有清晰的认识。为了更好地实施项目，教师需要密切关注每位学生的学习情况和兴趣，了解他们的特长，制定个性化的教学策略，帮助他们更好地发展。学习在项目教学中被视为一种主动学习，学习的方式是通过实际操作来获取知识，学生负责解决问题并完成任务。

（4）教师是团队的协助者，学生是团队的协作者、交流者

通常，在项目化教学中，我们会通过小组合作的方式来解决问题，这就需要我们团队成员之间要有合作精神。在教师的指导下，小组成员精心制定了项目目标和实施步骤，并通过分工协作、交流讨论、总结成果、展示等方

式，不断提升学生的团队合作能力和人际交往技巧。教师们应该"明察秋毫"，并且要密切关注团队的合作情况。如果发生"单打独斗""大包大揽""意见相左"等情况，应该立即采取措施将其解决。

3. 师生角色转变

通过项目化教学，可以更好地确定师生的角色，建立一种全新的师生关系（见图 4-1-2）。教师和学生之间的沟通已经从单一的对话转变为互动，他们之间也不再是竞争关系，而是合作性的关系。在完成任务的过程中，他们会以各种方式进行交流。

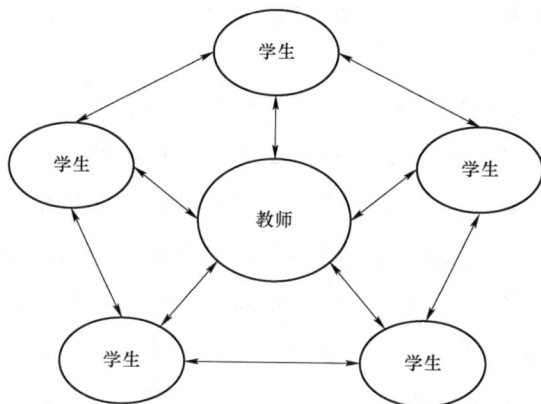

图 4-1-2　项目化教学中的师生关系

（二）以"项目导向"引领，重构化学分析的教学体系

项目化教学法是在教师的指导下将一系列的工作项目交由学生实施，在具体的情境中构建专业知识，成就专业技能。化学课程是一门实践性和技能性都很强的学科，应用项目化教学法，把课程内容项目化，强调紧紧围绕工作项目组织与实施教学内容，可以突出学生的主体地位，培养化学方面的基本职业能力。

1. 确定课程的能力目标

深入企业进行岗位调研，归纳分析检验工作的主要任务，主要包括取样及样品处理、样品分析、数据处理、试剂保管和仪器维护等。然后针对能力要求进行分类、总结和归纳，形成化学分析课程的三维能力目标体系，主要包括以下三点。

（1）专业能力

采用正确的取样方法和制备方法，并对样品进行预处理；对产品质量进行严格检查，并对结果进行细致的分析和评估；处理实验数据时，应确保准确无误，并及时报告实验结果；使用常见的分析仪器并进行必要的维护是非常重要的；实施严格的安全规定，确保分析操作安全、环境友好。

（2）社会能力

拥有出色的沟通技巧，积极主动、热情周到、认真负责地完成任务；具有认真负责的工作态度，并且始终坚持实事求是；具备出色的组织管理技巧和团队合作精神。

（3）方法能力

具有利用多种媒介资源来获取信息的能力；具有独立思考和解决问题的能力；具有独立探索和学习新知识和技术的能力；具有自主设计和执行任务的能力。

2. 设计课程的教学项目

根据三维能力目标体系的要求，解构原课程，结合现场实际工作案例对课程重构，体现行动导向教学思想的四个工作项目，即工业冰乙酸主成分的分析检测、烧碱的分析检测、硅酸盐水泥的化学分析检测和乙酸乙酯的质量检测项目。每个项目又可根据学生的认知规律划分成若干个工作任务，每个工作任务又体现一个完整的工作过程。由于这些项目大多来源于真实的工作情境，涵盖必要的专业知识要点，承载分析检验工作岗位应具备的职业能力，因而能够保证教学项目的有效性和实用性。这种行动导向教学体系完全打破了原有的学科体系，将取样、样品处理、分析试样、计算和报告分析结果等实际操作过程融入每一项教学任务之中，引领学生在做的过程中学会这些操作方法及相关知识，促进学生从被动学习向主动学习转变，教学从教师为主体向学生为主体转变。

（三）以"任务驱动"训练，生成化学分析的实践能力

教学设计上主要采用任务驱动学习模式，学生在具体的任务情境中运用已有的知识经验，通过计划、决策、实施、反馈、评价等实际操作过程链接专业知识，完成工作任务，提升工作能力。

第一，创设学习情境，引出问题。教师通过项目介绍给学生创设一个真实的学习情境，激发学生的学习兴趣。第二，与项目相关的知识和内涵属性，确定解决实际问题的思路和策略。第三，通过分析标准，掌握方法。结合分析研究项目标准的要求，确定实施的方法，小组合作制定详细可行的工作计划，确定每个人的工作职责。第四，实际动手操作，训练能力。学生根据自己的工作计划分工协作、动手实验，在项目具体的实施过程中注意规范操作和分工协作，发挥每一个学生的能动作用，让每一个学生都成为项目实施人。第五，报告分析结果，得出结论。正确记录原始数据，准确报告分析结果，得出结论，并通过张贴板的形式展示出来。第六，组织自评互评，提升素质。通过学生自评和小组互评以及教师的总评等方式总结知识要点，提升专业能力。

通过以上教学过程，学生参与了任务的全过程，从收集信息、制订计划、作出决策、实施计划、反馈控制到评估成果，学生成为完成任务的主体，教师只是学习过程的组织者、咨询者和参与者。在这个过程中，学生体会到学习的乐趣，明确了学习的目的，掌握了操作技能和学习方法，提高了分析问题和解决问题的能力，体现了课程内容的针对性和实用性。

（四）借助自评、互评提升学生的能力

应该采取更加全面的考核方法，以更好地反映学员的实际表现，并加强对学员的技能培养和项目实施的监督。主要形式是量表考核，根据项目的能力目标、知识目标和素质目标要求制定考核量表，学生在实施项目的过程中依据量表内容进行自评互评、师评。通过这种互相尊重、互相鼓励的评估方式，让学生不断掌握自主管理、自我反思、自律规范的技巧，掌握项目实施的技术，培养他们的专业技能，培养他们的思考、分析、解决问题的能力，同时也培养他们的协作精神、沟通技巧以及责任感，让他们形成良好的学习态度与习惯。

三、任务驱动教学模式的应用

（一）"任务驱动"教学法的优势

在化学课堂上采用"任务驱动"的教学方式具有显著优势。

1. 调动学习积极性，培养自主学习能力

在当今的教育环境中，传统的教学方法已经不再适用，因为它依赖于老师的授权和指导，而忽略了学生的独立思考和创新能力。"任务驱动"教学法的教学过程中，学生们通过完成一个个任务和掌握一个个知识点，获得了成就感，自信心得到提升，学习积极性也得到了调动。

2. 培养学生提出、分析和解决问题的能力

深入探究问题是完成任务的基础，而有效地分析和解决这些问题则至关重要。在"任务驱动"教学模式中，学生们需要具备质疑精神，勇于提出问题，并尝试着思考、分析和推理，以找到最有效的解决方案，从而实现任务的有效完成。

3. 培养学生的实践和创新能力

教育旨在激发学生思考、探索和实践，以便他们能够超越既定模式，从中获得更多的创造力和想象力。"任务驱动"教学模式的课程设置具有开放性，学生有机会去发挥自己的想象力和创造力，并且为他们提供了无限的发展空间。

4. 实现个性化教学、分层次教学

不同的学生在化学方面的理解和应用水平存在显著的差异，尤其是在实验方面。因为环境的变化，一些学生没有机会亲身体验实验，他们只能在课堂上观察教师的演示，或者只是观察教师的"画"；然而，另一些学生却拥有出色的化学实验技巧，他们不但精通课本上的实验，还能够进行一些创新的实验。在这种差距中，采用传统的教学方法可能会导致学生之间的学习能力差距扩大。"任务驱动"课程旨在通过分级授课来帮助学生更好地理解和掌握课程内容。在完成基础任务之后，学生还能够通过扩展知识面来实现更大的进步。通过将任务安排在最贴近学生的能力水平上，让所有学生都能够从中受益。

5. 培养合作精神和沟通能力

"任务驱动"旨在帮助学生们更好地理解、发展、实践，它采用多种方法，如合作学习、小组讨论、意见交流的方式，让学生能够更好地表达自我，更好地倾听别人的观点，更好地评价、接受和反思，从而有效地激发学生的创新能力，提高其科学素养。"个性自评"能够帮助学生更加客观地评估自己的

作业，并且能够更好地了解其他同学的分析和解决方案。这不仅能够拓宽他们的视野，还能够促进他们的智力发展。通过小组合作学习，学生可以更好地感受和培养集体主义精神，并且增强团队合作精神和协作技巧。

（二）"任务驱动"教学法在化学教学中的应用

"任务驱动"教学法是通过探索、协作的学习方式，帮助学生掌握实际应用的知识与技能，并培养他们的动手能力、独立思考、解决问题的能力。化学作为一门重视实验的学科，实践性极其重要，因此，教师们既需要让学生精通基本的理论知识，也需要让他们具备将所学的知识应用到实际中去的能力。由于课程内容与实际相关，我们希望学生能够自主学习并且具备终身学习的能力。

"化学与生活"模块教学的突出特点就是教学情境的开放性、教学内容的生活化、教学方式的实践性。"任务驱动"教学法改变了传统的教学观念和角色定位，体现了"学为主体"的教学思想。

1. 教学任务设计

为了让任务驱动式教学取得成功，我们需要制定出有效的教学目标。在设计教学任务时，应该牢记课程的教学目标，并确保它们能够涵盖所有的基础知识。通过"任务驱动"的教学方法，我们需要根据学生的习惯以及知识点的相互关联，将任务细化，使课程的重点内容得到充分体现。如"垃圾处理"这一教学任务可以分解为前后有关联的相关任务：（1）垃圾处理的常见方法；（2）垃圾处理常见方法的利和弊；（3）垃圾处理的原则和措施；（4）垃圾减量、分类和回收利用的观念。

2. 教学过程实施

在教学中，我们采取了一种新的方法，即利用项目来激发学习兴趣，让学生在有挑战性的环境中探究知识。鼓励教师和学生一起分享想法，共同探究，共同解决难题，从而达到预期的教学效果。

通过将学生划分为 6 个项目小组，并设置一个项目负责人，可以让他们通过独立学习与合作学习的方式来完成任务。这样，就能够更好地帮助学生完成任务。"驱动问题线"和"学生活动线"分别负责推动课堂教学的进程，以达到最佳效果。

在教学过程中，学生是主导者，他们负责完成任务。教师则扮演着组织者、指导者、促进者、评估者和咨询者的角色。

第二节　开放式课堂在高中化学教学的应用

一、高中化学开放式课堂教学的内涵

在化学课堂上，培养逻辑思考能力至关重要，但仅仅依靠这一点还远远不够。"逻辑思维"被认为是一种收敛的、封闭的思维能力，但"创造性思维"却拥有更多的可能性，它以开放的态度探索化学知识，并以此为基础，将其与其他学科有机地结合起来。

（一）化学开放式课堂教学的含义

"问题"作为化学的核心，其开放式教学模式可谓独树一帜。它通过提出具有挑战性的问题，激发学生的探究精神，从而推动化学的发展。采用开放式的教学模式，旨在培养学生的开放性思维能力，并通过多种有趣的实践活动来提升他们的知识水平。

该课程的开放性体现在它的教学目标、课程内容、教学过程、教学策略、师生互动、课堂氛围和学习成果上。开放式教学是一种独特的教学方式，它以充满活力的教学环境、富于创新精神和协作精神团队氛围，为学生提供一种全新的学习体验。

在高中化学课堂上，开放式教学模式具有双重意义：首先，它旨在为学生提供一个充满活力的、能够促进团队合作的学习环境；其次，通过将化学学习变成一个充满活力、富有个性的体验，可以为学生提供更多的创新机会，促进他们的全面发展。

（二）化学开放式课堂教学的内涵释义及要素分析

开放式教学应该具有三个基本特征：首先，学生和化学课程活动紧密结合；其次，学生的活动应该是开放的；最后，问题本质上是开放的。因此，开放性化学教学旨在创造一个充满活力的人文环境，让学生们在探索、合作和交流的过程中，发掘自身潜能，并通过有效的教学方式，提升学习水平，获得更多的学习体验和情感收获。开放式教育涉及以下几个方面。

1. 教学目标开放

在教学中，应该采取开放性的态度，以便更好地实现三维目标设计。这意味着，教学目标应该是动态的，可以在教学过程中进行适当调整。如果学生无法达到预期目标，那么教学目标就应该降低，反之亦然。此外，课程目标应该具有广泛的拓展和发展潜力，能够帮助学生在课后进行反省，并为他们的未来成长打下基础。在当前的教学环境下，还不能为每一个学生量身定制一份个性化的教案，以满足他们的需求。然而，在制定教学目标时，应该充分考虑不同水平学生的需求，并确保其具有明确的层次结构。不管是什么水平的学生，我们都应该将其最近的发展区域作为我们的目标，以促进每个人的成长。

2. 教学内容开放

尽管教材仍然是教学的核心，但它的结构、要点以及组成部分已经发生了变化。然而，教学的形式应该更加多样化，以及从不同的视角来呈现，以便让学生更好地理解并掌握后现代主义的课程观念以及建构主义的思想。在宏观设计的视野下，化学教学应该重点关注培养学生的终身学习能力，同时也应该将其纳入到日常生活中，并且紧密结合当今社会的科技进步进行内容设定。在课堂上，我们应该根据学生的知识水平和能力发展情况，灵活调整教学内容，让学生在自主学习的同时也能够获得更多的知识。

3. 教学过程开放

教育的演变和发展受到多种因素的影响，我们必须采用后现代主义的方法来改善课堂氛围，使教学效果更加有效。通过提供充足的时间和空间，教师可以鼓励学生积极参与到课堂活动中，并通过实验来探索事物的真正本质。通过"愉快学习"和"积极参与"的教育活动，让每一位学生都能够充分发挥自身潜能，实现真正的自主性，而非仅仅局限于外部的开放性。

4. 教学方法开放

研究和应用教学方法应该是开放的，无论采取何种方式，只要能够激发学生的学习兴趣，就可以实现化学教育的哲学思考。不同的教学方式应该彼此协作，教师要根据实际情况来调整课堂内容。

通过将计算机模拟和化学实验有机地结合起来，可以有效地激发学生对问题的深入理解和探索。许多学生都对引入信息化技术和进行化学实验有兴趣，并希望能够更多地采用这种教学方式。学生们应该充分发挥自己的独立思考能力、主动性和创造力，并且可以通过多种方式，如小组合作或个人参与，来实现学习的有效性。教师需要在宏观层面进行协调，并在微观层面进行调节。

5. 师生关系开放

通过后现代主义的主体论，我们可以在开放式教学中创造一种充满民主、和谐、平等的师生氛围。通过建立一个开放的环境，不仅要让教师发挥其最大作用，还应该尊重和培养学生的独立思考能力。教师要和学生共同参与活动，交流经验和成果，指导学生并相互信任，使他们能够真正掌握课堂的主导权。在这个过程中，教师不仅需要激励学生，还需要帮助他们提高自己的能力。教师已经不再是传统的讲授者，学生也开始勇于表达和创造。

6. 教学环境开放

该课程包含了多种形式的授课，如课堂时间和地点的自由选择以及学生的心理发展。因为班级授课的时间有限，无法深入探究某些教学内容。化学课本身就具有实验性，因此，应该把教学时间和学习环境扩展到更多的领域，让学生更多地接触实验室和大自然。在教学中，不仅提供课堂授课，也需要进行课后辅导。为了帮助学生更好地理解知识，教师应该提供一些具有挑战性和目标性的练习题，并要求学生在课前进行充分准备。

7. 教学评价开放

在教学中，应该重点关注学生的课堂表现、完成作业的质量、教师与学生之间的交流，以及他们在学习过程中的专注度。通过这种方式，可以更好地展示教学评价的开放性。

二、高中化学开放式课堂教学模式

（一）高中化学开放式课堂教学模式的建构原则

随着新的课程改革的推行，高中化学的开放式教学面临着更加严峻的挑战。为了更好地实现这一目标，必须牢记六个重要的原则。

1. 开放性原则

开放性原则是教学中最核心、最本质的原则。通过全方位的开放，致力于建立一个具有灵活性、多样性和可持续发展的教育环境，包括从理念到实践、从课堂到课外、从教学到评估。教育的目标应该具有灵活性，课堂授课时应该具有活力，课程内容应该具有开放性，课堂授课方式应该具有多种选择，课堂成绩应该具有多样性，学生的发展应该具有多种途径，课堂评估也应该具有多重视角。

2. 主体性原则

通过开放式教学，我们可以促进教师与学生之间的互动，帮助他们更好地理解并实现自己的职责。教师应该扮演领导角色，创建一个充满活力的课堂氛围，让学生成为自己的主人翁，并且促进他们的成长。通过让学生参与到开放的课堂活动中，不仅能够促进他们的思考，还能够激励教师不断地反思和改进，从而获得更加生动的教学案例、更加丰富的教学经验、更加宽泛的视野和更加多样化的教学思路。

3. 过程性原则

通过过程性原则，我们可以让师生共同努力，深入探索化学的奥秘，更好地发挥其独特的智慧。当第一次接触某个领域时，可以像先前一样进行推理，教师应该鼓励学生多思考、多探索，帮助他们发现问题、提出问题、分析问题，并且让其亲自参与到解决问题的过程中来。通过参与各种活动，学生可以亲身体验并通过实际行动来提高自己的能力。通过实际应用，学生可以看到，采用参与式教学方法带来的积极影响。只有通过不断努力，才能真正提高学生的思维能力。

4. 探究性原则

通过开放的环境，不仅可以提升学生独立思考的能力，还可以探索出更多符合他们知识水平和认知结构特点的问题，这样就可以更好地为他们创造问题情境，可以更有效地帮助他们解决问题，同时也可以激发学生的内心情感，鼓励他们表达自己的观点和想法。

5. 合作性原则

通过开放式教学，可以帮助学生在群体发展中取得更大的进步，而不仅仅局限于其个人的成长。通过团队协作，可以创造一个充满平等和开放的课堂气氛，促进学生学习的进步。合作精神是开放式教育的重要组成部分，也是教学培养的核心目标及核心方法之一。

（二）高中化学开放式课堂教学模式的基本环节

1. 确定目标，创设情境

问题情境是指"个体意识的目的，但不知道怎么实现心理困境"。问题情境可以被视为一种深刻的思考过程，它可以帮助学生发现自己在理论上的不足，并且能够迅速地找出答案。根据定义，这个概念包含三个要素：未知的目标、思考动机和学生的能力水平。这些要素共同决定了我们如何理解和解决问题。根据心理学的研究，每个人都会自发地去填补自己的知识漏洞，并努力克服认知上的不平衡。当学生对于获取新的知识感到有趣时，他们会更加积极地参与到课堂活动中。在设计情境时，应该考虑学生的现有能力，以便激发他们的思考并为他们的未来打下基础。

通过恰当地安排问题情境，可以避免学生的思维认知失调，从而促进他们在课堂上的深入探索。为了激发学生的探究精神，问题情境的设置必须具有生动性和有效性。下面我们将简要介绍一些常用的问题情境设置方法，通过有目的、有计划地构建问题情景，教师能够唤醒学生对于探索的热情，并帮助他们感受到解决问题的喜悦，而培养其独立思考的能力。通过创建有效的情境，也可以更好地实现教学目标，帮助学生培养问题意识。采用三维目标体系的新课程旨在实现开放性的教学，这种方法的实施将会对课程的内容挑选以及提出的问题产生重要影响。

（1）知识性目标及情境创设原则

传播知识是教育的第一要素。实现教学目标不仅需要教师的个人努力，更需要与学生共同努力。通过协作和交流，才能达到最佳效果。

根据教学，可以发现知识体系并未发生重大变化，然而，教师必须改变对知识内容的解读方式和理解方式，以便更好地把握知识的本质，并从不同的视角来深入探究。突破传统的认知，深入探索知识信息化的新可能性。尽管知识最初是通过传授信息的方式被传达给学生，但它在课堂上的作用已经超越了单纯的信息传递，而是成为学生探索的催化剂，成为课堂上的主要内容和活动的核心。当教师准备课程内容时，他们应该特别注意"如何创设情境、引发疑问"，即确保学生能够理解"疑问点"，并且能够"有疑而问，而不是无疑而问"。在课程设计过程中，采用开放式的问题来提高效率是非常重要的。

知识情境设置要注意"适中性原则"。课程标准是化学教学的标准规范，它为学生提供了一个系统的学习结构，使他们能够更好地理解和掌握"适中性原则"，从而激发他们的学习兴趣，有助于他们获取新知识。因此，教师在探究课程的深层含义时，应该考虑学生的已有知识和认知能力，并进行适当的课程设计。尽管"引发性"可以作为一个较为简单的知识点，但它仍然需要更高级别的技巧才能激发学生的探究精神，而开放式教学则需要更多的因素，如实践技巧、情感体验等，才能达到最佳效果。

知识情境设置要注意"多维性原则"。在"多维性原则"中，我们可以看到知识的多样性，它们不仅仅局限于单一的信息，而是具有多种可能的结构。若采用开放式教学，教师不仅要关注知识的获取，还要将其融入课堂活动之中，以提升课堂的整体质量，从而提高教育的有效性。在教学设计中，应当充分考虑到学习者的行为、过程、情感等多方面的因素，以便更好地设置知识情境，从而提升教育的有效性和效果。

（2）行为性教学目标及情境创设原则

在开放式教学中，行为因素得到了极大的强化，学生们可以在课堂上进行广泛的交流，探讨各种开放性问题。因此，培养行为能力不再仅仅是教育的一个组成部分，而成为教育的重要目标。通过与同学的交流，我们可以更有效地将所学的知识转化为实际应用，从而提高我们的学习效率。

在教学中，行动不仅可以激发学生的思考，提升他们的思维活力，还可以帮助他们培养良好的能力、素养和意识品质。在教学过程中，需要精心挑选适合的课堂活动，这些活动可以帮助学生提高他们的实际操作技能，从而更有效地掌握和运用所学的知识。学习和实践都需要不断的积累和发展，而这些发展都需要从知识体系和行为能力开始，并且要不断地提高，才能达到更高的水平。因此，教师应该在课堂上重视培养学生的逻辑分析和化学行为能力，让他们的行为不仅仅局限于单一的技能，而是形成一个有机的整体，从而获得更大的价值。

（3）情感性教学目标及情境创设原则

通过将意识和情感融入教学目标之中，可以利用先进的教学理念和技术，达到既能传授知识，也能培养学生的双重目标。实施情感教育可以将知识转化为一种精神动力，从而促进更有效的学习和能力培养。通过激励和支持，可以帮助学生更好地发挥他们的知识能力。

通过深入的研究与实际的操作，我们希望能够帮助学生在学习的过程中产生积极的情绪反馈，这是一种重大的改变，使他们能够更好地理解所学知识。教育的目的是培养学生掌握有价值的知识和技能，但只有将其转变为实际可行的能力，并将其融入思维中，才能达到"教书育人"所期望的效果，从而推动教育朝着积极健康的方向发展。

首先，要关注在这个过程中如何培养和发展个人能力。在进行情感教育时，教师应该努力帮助学生进行独立思考，要采取有趣的方法来教育学生，避免他们产生厌学情绪。为了确保学生能够自主探索，我们必须认真考虑如何选择和实施教学方法。

其次，建立一个真实的体验环境。老师应该通过课堂活动来帮助学生不仅掌握化学知识，还能培养他们对于这些知识的理解和运用。因此，教师不仅要为学生提供真实的情感体验，还应该为他们提供实际的应用场景，以促进他们对情感的理解和运用。我们将会在课堂上更深入地探究这些原则。

最后，为学生提供实用的语言指导。"促进性"与"实效性"的内容都是有效的。"促进性"旨在帮助学生更好地发展，教师应该充分考虑学生的个人情况，并以有效的方式进行换位思考，为学生提供有益的指导。"实效性"强调了教师需要在适当的时间进行言语指导，而"有效的指导不意味着让学生马上理解"则更加强调了这一点，即使没有足够的时间，也可以进行讲解。

2. 设计问题，展开探索

我们建议在这里提出的开放性问题设计不应该单一化，而应该让学生和教师共同参与。当教师制定开放性题目时，学生应该自主探索，并可以根据自己的理解和需求来修正和完善开放性题目，从而实现双向交流和互动。通过提供开放性的问题，教师可以为学生创造一个有益的学习氛围。通过鼓励学生自主探索、深入思考，帮助他们更好地理解和掌握知识，培养他们的独立思考和批判性思维。通过使用多媒体工具，教师可以向学生提供丰富的、信息量巨大且具有交互性的学习材料。通过提供良好的学习氛围，教师应该帮助学生发展提升的思考能力，从而更好地参与课堂的合作和探索。设计开放式问卷时，教师应该牢记以下几条基本准则。

（1）开放性原则

采用开放式教学原则，可以拓宽学生的思维视野，激发他们的创新精神，激发他们的想象力，帮助他们更好地理解和掌握再生创造知识的方法和技巧，培养他们的创新意识和能力。这项原则强调，在设计开放性问题时，应当结合教材内容和学生的基本知识，尽量避免主观偏见和模仿他人。

（2）灵活性原则

采用灵活性原则能够提升学生的思考能力，提高他们的思维灵活性和反应能力。这一原则要求设计问题时应该尽可能多样化、生动有趣，不拘泥于任何限制。

（3）层次性原则

通过遵守这一原则，学生可以更加深入地思考，运用所学的知识，不断拓展自己的知识面，提升自己的思辨能力。在设计开放性问题时，我们必须遵循一个基本的原则：逐步提高难度，并且根据学生的理解能力和思维习惯，逐步递进，形成一个螺旋式的提升过程。

（4）实用性原则

采用实用性原则，不仅能够激发学生们对分析、研究和解决问题的兴趣，还能够深刻体会到所学化学知识的实用价值，从中获得更多的实际应用。通过让学生以化学的视角来观察和分析日常生活中的问题，可以培养他们解决实际问题的能力。

（5）思维性原则

采用思维性原则，学生可以从多个角度和方面进行思考和研究，从而培养他们的创造性思维能力。根据该原则，教学设计应当充分考虑学生个人的思维因素，采用开放式的教学内容，建立一个既能培养思维能力又能锻炼技能的系统思考模式。

3. 合作讨论，建构新知结构

通过采用开放式的教学方法，可以培养出具有开放思维和创新精神的学生，并让他们在社会中更好地沟通和协作。通过互相鼓励和交流，学生们可以更好地发现自身的优势和不足，积极地构建和完善他们的知识结构。通过合作和交流，也可以更好地实现个人和团队的目标。通过开放式教学小组活动，学生可以从多种角度探索问题，从合作协商，到分析讨论，再到交流研讨，拓展实践意义，最后组内反思、评价，从而获得更多的思考机会，激发学习热情，提升学习效果。

4. 反馈调节，强化变式

反馈在课堂上扮演着至关重要的作用，它是保证有效教学的关键因素。通过这个过程，学生不仅可以加深对所学内容的理解，其还可以帮助教师更好地评估学生的学习情况，促进他们的思考和能力的提升。为了达到教学目标，我们应该在课堂上采用分层次的方法来进行练习。然而，由于课堂教学的实际情况有限，这种方法并不适用。A 级题目专为那些理解能力较强的学生设计，旨在帮助他们提高学习效率；B 级题目专为那些理解能力较弱的学生设计，是一些具有挑战性的考题；C 级题目旨在帮助那些理解能力较弱的学生更好地掌握课堂上学到的知识，这些习题是最基础的。为了满足不同学生的需求，我们会进行针对性练习，并为他们提供发展空间。我们应该特别注意"变式"在化学中的应用，通过提供多样化的概念和原理变式，可以增强学生的反馈练习，让他们更加灵活地运用所学知识，并且更准确地掌握它们。

5. 多维拓展，评价反思

在这一部分，学生需要反思自己的思维过程，深入理解知识，总结规律，并从中提炼出有效的方法。此外，通过进行开放式练习，可以进行多方面的思考和创新。另一种方法是通过自己设计题目，进行拓展和创新。通过自编题，学生可以更好地理解所涉及的知识和问题，并运用多种创新思维来探索答案。这不仅可以激发学生的主观能动性，还可以为课堂教学增添更多的活力和趣味。

以上五个环节紧密相连，教学设计具有开放性特征：教学内容来自教材、生活和学生，通过情境化的方式加强学生的问题意识；在课堂上，教师会提出开放性问题，学生可以进行讨论和修正；通过深入的交流与合作，形成多元化的共识；开放性问题的设计，可以让条件和结论都是开放性的；通过多种评价方法的结合，实现开放式课堂教学的有效性，让学生在主体性、探究性和合作性的基础上，获得更好的学习体验。

第五章

高中化学探究式教学

本章主要介绍了高中化学探究式教学的内容，分别从有探究式教学的特征、探究式教学的设计、探究式教学的实施三方面进行介绍。

第一节　探究式教学的特征

教育心理学认为，学生的学习方式可以分为接受式学习和发现式学习两种。在接受式学习中，学生可以将所学的知识转换为可操作的原理，从而实现知识的有效传递；在发现式学习中，可以通过提出问题的方式，让学生更加深入地探索，实现真正的自主探索。研究人员认为，探究式教学具有许多显著的优势，主要表现在以下几个方面。

一、未知性与问题性

解决问题是促进思考的源泉，也是进步的助推器。如果教师不能提出有吸引力和挑战性的问题，学生就无法形成强烈的问题意识，也就无法激发他们的认知欲和思维积极性，从而导致学习无法进行。因此，提出有效的问题是探索性教育的基础与核心，重点关注问题，鼓励学生思考。拥有问题意识是思考的基础，而缺乏问题意识的思考只会停留在表面，毫无深度。教师应该利用实验、观察、阅读教材等方式，创造有趣的情境，引导学生发现问题，以问题为中心，将新知识融入问题情境中，让学生主动提出问题、分析问题和解决问题，从而获得更多的知识。

二、发现性与探索性

深入研究的起点在于寻找并解决问题，这也是深度学习的基础。学习者和科学家在研究领域有着共同的目标和方法。在探究式教学过程中，学生的学习经历了科学家探究的历程，两者只有程度的不同，而在过程本质上是相同的。例如，科学家提出的问题是基于其领域已有研究和科学经验之上的洞察力，而学生的问题来自对周围现象的观察和基于生活经验之上对现象的理解；学生的探究活动需要教师不同程度的指导，学生或通过对现象的观察，或通过对教师设置的问题情境的观察、思考、交流，发现可探究的问题，从而展开探究活动。

三、过程性与开放性

在接受式学习中，教师将学习内容以结论的方式直接呈现给学生，不利于学生思维的磨炼、智慧的增长。探究式教学旨在帮助学生深入理解概念、原理，并培养他们的科学思维，从而提高他们的探究能力。它强调学生要在探索过程中提出问题，并通过分析和解决问题来获得结论。

通过探究式教学，学生可以从多种角度深入理解和掌握科学的方法和技能，其中包括观察、提出问题、猜测、假设、文献查询（明确已知）、计划调查或实验、综述已知的实验证据、应用工具收集、分析、解释数据、推理论证、合作交流等，这些活动可以根据当时的需求进行综合或选择性地采用，学生还可以在整个探究过程中与他人进行沟通，从而更好地发现自身的潜力，更好地完成自己的任务。通过定期记录自己的观察、思考、推断和实验结果，他们不仅可以深入了解自然界，还可以从中获取新的见解，培养出科学探索的能力。

四、主动性与互动性

通过接受式学习，学生被放置在一个被动的角色上，他们只能接收知识，而无法发挥出自己的潜能。而探究式教学，把学生放在了一个独立的角色上，让他们自己去发现问题，教师则扮演着引导和帮助的角色。

探索式教学强调让学生以独立思考的方式获取知识，而非仅仅依靠教师的讲解和解释去获取。这种方法鼓励学生以自己的方式去思考、创造，获得更深刻的认知。通过课堂活动，让学生充分发挥自己的潜能，成为课堂的主导者，积极探究、挖掘和发掘新的知识，把握机会，培养自身的独立思考能力、创新思维和合作精神，达到最佳的学习效果。通过参与各种探究性活动，如观察、调查、制作、收集资料等，学生可以从不同的角度深入理解知识，建立起知识之间的联系，更好地应用所学知识，解决实际问题。

第二节　探究式教学的设计

一、探究式教学基本过程的建构

通过化学教学，学生不仅可以系统地学习前人积累的化学基础知识和基本技能，还可以培养创新精神和实践能力，形成科学观念和态度，促进个性和谐发展，这是一个继承"先进文化"与创新"先进文化"的综合过程。建构主义强调学生应该主动参与到知识的构建过程中来，他们应该采取科学的探索方式，积极收集、整理、分析相关信息，尝试作出合理的推断，将当前的学习内容与之前的理解结合起来，进行深入的思考，从而达到实现课程目标的目的。通过将联系和思维的过程与协作学习的交流、讨论和表达相结合，可以大大提升学生创造性的理解和实践的效率，提升课堂教育的整体水平。通过采用探究式教学，我们可以让学生在学习化学原理、元素化合物、实验技能等先进文化知识的同时，积极参与到课堂活动中，培养他们的创新思维，让他们有机会亲身体验到探索的乐趣。

那么，我们应该采取什么样的措施来创造一个充满建设性的探索型课堂呢？化学作为一门自然科学，其研究过程包括：选择和准备课题，提出研究假设；收集文献资料，观察和实验；对收集到的数据进行分析，运用比较、分类、类比、归纳、演绎、分析、综合等方法，对现象及变化规律进行解释和说明；提出假设，建立科学理论；验证假设，检验理论的正确性；最终，通过深入的分析，验证假设，得出结论，完成化学研究的目标。经过观察和实验，如果发现事实与假设一致，那么这个假设就可以被提升为一个理论。如果研究的目的是验证一个理论，那么这个理论就可以被提升为一个新的假设。在技术开发研究中，通常需要经历规划、试验和综合设计，以确保产品的可行性、稳定性、可靠性和经济性。这些步骤包括：生产、市场、资源、环境等可行性分析，以及对未来前景的预测。最后，对试验结果进行评估，以确定产品的可行性和有效性。研究过程的两个主要维度是基础研究和技术开发，它们共同构成了问题的提出、资料的收集、假设的形成、实验的探索、科学的解释、结论的得出、成果的评估和应用的交流。通过建构主义教学理念，可以将多种要素进行有效整合，构建出一个既具有科学性又具有创新性的建构性探索式教学模式。

二、探究式教学的构成要素

《义务教育化学课程标准（实验稿）》中将科学探究过程概括为：提出问题猜想与假设、制订计划、进行实验、收集证据、解释与结论、反思与评价、表达与交流等要素。在每个要素中，还包含了更具体的科学方法，如观察、实验、实验变量控制、测定、记录、数据处理、分类、科学抽象模型化、提出和验证假说、获得结论等，如表 5-2-1 所示。

表 5-2-1　科学探究的要素及其科学方法

探究要素	学生活动	科学方法
提出问题	从日常现象或化学学习中，经过老师或同学启发，或独立地发现一些有探究价值的问题，并且能够清楚地表达出来	观察表述
猜想与假设	搜索原有知识经验，生成对问题情境及其内部关系的初步理解，建立起关于问题的猜想和假设	预测推理 形成假设
制订计划	提出活动方案，设计调查或实验等具体探究活动的步骤，考虑特定的实验条件对实验的影响	变量控制
进行实验	积极参与完成化学实验操作，并能在实验操作中注意观察和思考相结合	实验观察
收集证据	通过观察、实验、调查、查阅资料等收集资料证据	测量记录 数据处理
解释与结论	从信息材料和事实出发，按照一定的理论逻辑方法来推理变量之间的关系，经过加工与整理，对假设作出判断，得出结论	分类 科学抽象 模型化 图表化
反思与评价	对探究结果探究过程进行反思，作出评价	反思
表达与交流	用口头、书面等形式明确表述探究的过程活动以及结果，发表自己的观点，倾听他人的意见	交流

科学教育的实践表明，科学方法只有与科学知识相结合，融入真实的科学探究活动中才有意义，才能为学生所理解和掌握。因此，化学课程中的科学探究、科学方法的学习一定要与科学探究活动的开展、科学知识的获得、科学情感的培养紧密结合起来。

三、探究式教学过程的基本环节

（一）提出问题

创建有趣的问题情境，能够激发学生的积极性和探索精神。通过学习，学生可以不断探索、思考、实践，从中获得新的见解，提升自身的能力。探索性的学习方法可以将重点放在解决问题上，并以此为基础进行学习。通过创造真实的问题情境来推动课程改革，是我们追求的目标之一。为了更好地帮助学生理解和掌握知识，应该将课堂上的问题与学生的日常生活联系起来，并通过深入探究来提高学生的思考能力。这样，就能够更好地激发学生的学习主动性，促进他们的自主探究。在教学中，教师应该仔细思考课程目标和内容，并且能够提出具有挑战性且符合逻辑的问题。为了促进学生的自主学习，教师应该鼓励学生独立思考并寻找问题。

科学研究始于提出问题，这些问题往往源自质疑。通过建构性学习，学生们可以更好地理解问题，并且帮助他们找到最佳的解决方案。在开始学习之前，学习者应该先确定自己是否遇到了某个问题，提出问题通常需要创造一个特定的情境。"问题情境"指的是当前的学习内容与学习者的认知能力存在差异，需要通过调整和改进来解决这一问题。为了创造有效的问题情境，必须满足三个关键要素：首先，学习者必须有足够的经验，以便发现问题的存在；其次，探究的内容必须是新的、未知的，并且需要通过努力学习才能掌握；最后，还必须能够激发学习者的认知冲突、需求和期望。因此，教师应该创造一种轻松的学习氛围，让课堂上的问题既有趣又有深度，激发学生的学习动机。

（二）搜集资料和事实

通过搜集资料和事实，学生可以获得有助于他们理解和评估科学问题的证据，并创造出可供探讨的情境或环境，为学习者提供有助于探索问题的背景材料，从而激发他们寻求解决问题的方法。在科学探索活动中，教师应该采取有利于激发学生学习兴趣的教学方法。通过多种情景来激发学生的学习热情，并及时为他们提供符合课程要求的资料和信息，建立起新旧知识之间的联系，帮助他们作出明智的选择。信息可以通过多种方式传递，包括文字、图像、实验数据、网络资源和师生交流等。在一个充满活力的学习环境中，培养学生独立思考、自主搜集信息、有效处理信息的能力显得尤为重要。为了帮助学生更好地理解问题，应该引导他们通过实验、实践和社会调查来获取信息和资料，并从不同的角度进行分析和比较，以找到解决问题的切入点。

作为教师，应该为学生制定一个明确的研究目标。在课堂上，鼓励学生通过亲身实践和探索，获取有关知识和技能，并且建立相应的假设，以便更好地理解和解决问题。在这个时候，教师扮演着一个领导者的角色，帮助和规范学生的探究行为。在某些情况下，这项任务可能需要一名学生独立完成，但也可能需要教师帮助他们分组。应该重视培养学生的团队合作精神，以促进他们的成长。

（三）提出假设

通过运用假设思维，结合实际情况，推断出可能的解决办法，以达到最佳的结果。在科学研究中，即使知识和事实材料不足以满足探索的需求，人们仍可以利用已有的信息和先前的经验，以假设的形式进行勇敢的探索，以期获得更深入的认识。假设是一种基于已有信息和客观事实的推断，它可以提供一种或多种可能的解决方案，从结构上看，它由已知的事实和推断性的假设组成。如果我们能够将这两种要素结合起来，就可以清楚地指出解决问题的方法，并且在条件和结果之间建立联系。科学研究的核心价值在于它的独特性和深度。

为了让学生们更好地进行探究性学习，教师应该根据学生的不同水平，为他们提供更多的机会来让其表达自己的观点。教师可以指导学生们尝试提出新的想法，也可以辅助他们思考。如果可能的话，教师应该组织协作学习，并在这个过程中给予指导和帮助，以增强学生对假设的合理性的思考。通过提出假设来引导学生思考的方法有多种，具体如下。

1. 归纳式假设

通过应用归纳法，可以把特定的经验和观点转化为普遍的理解，并基于此构建新的假设。

2. 演绎式假设

通过应用演绎推理，将普遍的概念、定律、原则应用到具体的情境中，从而检验这些定律、原理的有效性。这种推断方式既普遍又特别，它具有不可避免的必要性。

3. 类比式假设

通过将一种已经被证实是正确的理论应用到类似的场景中，可以基于两个或两类物体之间的共同特征，来推断出其中一个物体可能拥有其他物体没有的特征。

4. 分类式假设

通过采用分类技术，根据不同的特点，将现存的事物进行归纳总结，并基于此构建新的假设。

（四）假设检验和推理

通过实际案例，鼓励学生积极参与实验、实践和体验，以提高他们的能力。一旦假设被提出，我们就应该尽可能多地进行检验，以便使用有力的证据来反驳或支持相关假设。通过探索性的教学，可以更好地理解和掌握所学的知识。通过建构性学习，学生可以更加深入地了解知识背后的本质、规律，并且能够将这些信息与周围的环境联系起来。因此，最有效的方式就是让学生亲身参与到现实活动中，从而获得直接经历，而不是只依靠教师或其他人的指导获得间接经验。为了更好地探索假设，教师应该采取有效的教学方法，让学生有机会主动参与到假设检验的过程中，并通过实际操作来观察、控制、记录结果，以及对社区环境的调查、收集数据等方法来支持这些结论。教师应该及时指导学生的合作和交流，帮助他们反省自己，调整情绪，掌握学习过程。为了避免把想法误解为规律，在假设检验过程中，应该仔细审视，即使没有足够的事实支撑，也不要轻易接受或推翻原假设。

（五）发现规律—得出结论—形成解释

学生应该基于客观的数据和证明来提供有效的解释，以便更好地理解科学问题。通过深入探索，学生应该将自己的实验结果和所获取的信息进行系统性整理，以便形成自己独特的见解。每个人和团队都有权利对相似的问题提出不同的见解。他们应该能够清晰地阐述自己的观点，并与其他人一起进行讨论。

通过研究和实验，我们可以验证假设。这需要仔细筛选、分析、解释和应用所获得的信息，并将它们转化为化学术语、图表和概念。这不仅能帮助其提升思维能力，还能更好地理解知识，从而更有效地完成意义建构。"发现规律，得出结论"旨在培养学生的科学抽象能力，包括表达和理解的能力。表征是一种将客观事物转换为可以被人们理解的内容的形式，它可以通过使用语言、绘制图像、建立数学模型或者进行实验来获得。通过比较、分类、归纳、概括、分析和综合等科学逻辑方法，以及模型化的思维，"意义建构"可以帮助我们更好地理解宇宙的本质，并从宏观和微观的角度深入探索，从而发现宇宙的规律和结论。

（六）整合迁移与应用

通过学习，人们能够掌握新的知识，并且能够改进自身的思维模式。教师应该重新设计课堂环境，激励学生综合理解所学内容，并通过反思、探索、转化、应用等方式，使他们能够更好地理解所学的知识，并在实际应用中更加灵活地运用，实现对所学内容的有效掌握。约翰·密尔曾经说过："天才只能在自由的空气里自由自在地呼吸，讨论是创造的'助产婆'"[①]。学生在学习过程中，不仅要依靠教师的传授，还需要通过自身的努力、合作、交流等才能够建构出自己的知识框架。通过探索性的学习方法，我们将围绕课堂上提出的问题进行讨论，并最终找到答案。在各个环节的活动中，协作、交流和表达都起着重要的作用。通过探究性的讨论和交流，学生们可以创造出一个有利于人际沟通和合作的环境，培养出乐于分享信息和成果的团队精神，

---

① 饶志明，林珩. 化学教学论与微格教学［M］. 厦门：厦门大学出版社，2011.

这也是当今社会生存应具备的基本能力。通过"立体式""交互式"的课堂讨论，我们鼓励学生勇于发言，清晰地阐述自己的想法，并且乐于接受他人的建议，积极参与辩论，以理性的态度捍卫自己的立场，并且尊重客观的现状，勇于纠正自身的错误，以此来提升自身的认知水平，建立一个充满活力、开放、民主的师生及同学之间的知识交流环境。

教师应该努力营造一种和谐的学习气氛，以展示课堂的民主性。学生的成长和发展更多地取决于他们自身的努力和表现，泰勒的这句话深刻地揭示了学习的本质。从中，我们可以看到学生的主导地位。

第三节　探究式教学的实施

化学新课程改革将科学探究作为重要的突破口，旨在改变学生的学习方式，让他们有更多的机会去探索和体验科学，培养他们的科学态度，学习科学方法，深入理解科学本质，提升自身的学习能力和科学意识。

一、化学新课程中的科学探究

（一）科学探究的含义

《化学课程标准（实验稿）》强调："义务教育阶段化学课程标准中的科学探究，是学生积极主动地获取化学知识、认识和解决化学问题的重要实践活动""是一种重要的学习方式，也是义务教育阶段化学课程的重要内容"[①]。

高中化学课程中也强调"通过以化学实验为主的多种探究活动，使学生体验科学研究的过程，激发学习化学的兴趣，强化科学探究的意识，促进学习方式的转变，培养学生的创新精神和实践能力。"[②]

---

① 中华人民共和国教育部. 全日制义务教育化学课程标准（实验）[M]. 北京：北京师范大学出版社，2001.

② 中华人民共和国教育部. 普通高中化学课程标准（实验）[M]. 北京人民教育出版社，2003.

（二）科学探究的内容

随着科技的发展，传统的化学课程越来越侧重于理解和掌握抽象的概念，却忽略了实践中的应用，使人们无法充分利用书本上的知识，去发现问题并解决问题。"静态的科学结论""动态的探究过程"涵盖了现代科学的各个方面，但"过程与方法"却被忽视，这样一来，我们就无法真正理解科学的本质，也会抹去它对学生发展的重要性。

《化学课程标准（实验稿）》为全日制义务教育提供了一个独特的主题，从"增进对科学探究的理解""发展科学探究能力"和"学习基本的实验技能"三个方面，详细阐述了科学探究的内容和目标，以帮助学生更好地理解和掌握知识。

"科学探究"并未被单独列为高中化学的一个主题，而是按照各个模块的特征，融入其他相关的主题之中，以便让学生更好地进行科学探索。在"认识化学科学""从实验学化学""必修化学"等课程中，都明确了科学探究的具体要求，以便更好地理解和应用。通过设计科学探究活动，我们希望学生能够尽可能多地学习化学知识。我们不会直接向学生展示现成的结论，而是要以他们已有的生活经验为基础，创造一个生动有趣的学习环境，引导他们去探索、思考、推断，并通过实践、观察、阅读、思考、讨论等活动，深入理解所学知识。"活动与探究建议"是化学课程的重要组成部分，它不仅包含了所有课程模块的内容标准，还包含了丰富多彩的探究活动。以科学探索为核心，在高中化学教育中引入这一概念，不仅极大地推动了教育理念的变革，也成功地激发了学生的科学探索精神，使他们更加积极地参与到全面的发展之中。

二、探究性学习活动的特点

（一）驱动性

兴趣是积极探究某种事物的认识倾向，是对事物本身或事物未来的结果感到需要的情绪表现，是激发学习活动的核心因素。兴趣一旦形成，学生对化学事物的感受就会既敏锐又深刻，同时能使中枢神经处于较强的兴奋状态，产生愉快、满意和欢喜等情感，进而发展成内部的驱动力，推动学生主动地承担学习任务并进行相关的化学学习活动。因此，在设计学习任务和活动时，应该着重考虑它们的驱动力、创造性和独特性，以便能够真正激发学生的学习热情，而不仅仅依赖于外部的压力。学生们最感兴趣的问题往往是最具挑战性的，但他们提出的问题往往更加随意和生活化，而且大多数情况下比教学要求的问题更加复杂。因此，在设计学习任务和活动时，我们应该充分考虑学生的兴趣，并且在保证教学目标的同时，也要注意学生的学习倾向。

（二）诱发性

从建构主义教学观来看，有效的学习任务应该具有诱发性，它容易诱发出学习者的已有经验、对问题和现象的个人观点和认识，并且有利于产生观点和想法的差异，造成学生的认知冲突。学习任务和活动应该具有吸引力，这意味着它们不仅要求学生有足够的兴趣去探索，而且还要求他们不仅要记住知识，还要运用自己的思维去理解，以便更好地实现目标。这门课程既具有挑战性，又能激发学生的思考和探索精神，培养他们的创新思维，并为解决问题提供可行的方法。在学习过程中，需要不断地调整和重新组织信息，并运用多种高级认知技巧，如比较、分析、综合、归纳和演绎去完成学习的过程。

（三）易参与性

活跃的交流和互动是促进学生全面发展的关键因素，学习任务和学习活动的可参与性有两层含义：第一，让所有学生都能够参与到学习任务和活动中来。为了让学习更加高效，需要确定学习内容的分级、难易程度，并采取恰当的语言来描述。教师希望能够让大多数学生能够主动参与学习，从而更好地理解自己的学习内容，并能够将所学的知识运用到实际的学习中，让每一位学生都能够从自己的学习中受益，成为自己的主导者。如在初步认识化学阶段，通过研究蜡烛燃烧的过程来讨论物质发生的变化，让学生探究化学变化的本质特征和外在表现。虽然学生在以前没有进行过化学的基本实验操作，但所有的学生都可以参与到学习中来：点燃蜡烛，进行观察，作记录，并根据现象进行分析、总结。第二，应该采取多种形式来激发学生的参与热情，以提高学习效果。通过自主学习和实践活动，让每个学生都能发掘自身的潜能，拓宽视野，培养技能，提升各种能力，并培养积极的情感态度和价值观。每一位学生都拥有独特的学习方式，他们的兴趣、偏好、理念、思考模式和认知框架各异，因此，在完成相同的学习任务时，应当采取多种多样的策略，帮助他们更加全面地掌握所学的技能。在学习过程中，应该充分考虑到每个人的独特需求，并为他们提供适当的自主权。如课堂上探究金属的物理性质。有的学生有兴趣和能力通过实验探究不同金属的导电性，有的学生则关注其导热性，有的学生对金属的硬度更感兴趣，并想出了比较金属硬度的方法，还有学生关注探究金属的磁性、延展性、熔沸点、强韧性，等等。不同的学生参与点不一样，通过这样的交流，学生不仅可以反思自己的探究结果与过程，还能获取他人的探究信息并给予评价。

（四）可生成性

通过精心设计的学习任务和活动提升学习效率，帮助学生实现全面发展。这种可持续性可以通过纵横两个方面来体现：纵向方面，重点关注的是每项特定的学习任务和活动对于学生的成长发展的影响，以及它们在整个教育体系中的重要性和意义。通常，学习活动会逐渐深入，从基础知识逐步提高，并且逐渐转向更加抽象的概念。学习化学时，我们应该学好基础知识，同时也要重视基本概念的形成过程，特别是要把握一些核心内容和关键环节，比如让学生从宏观的角度转变到微观的角度，从研究单一物质转变为研究一类物质，从注重外在表象转变到深入探索事物的内在本质，以及其他相关的思考方式。横向方面，我们需要仔细分析学习任务和活动能够帮助学生在哪些领域取得进步？学生们在这门课程中学到了哪些基础知识和技能？教师采用了何种策略和技术？培养和发展了学生的哪些能力？改变或提升情感态度会带来哪些影响？学习任务和活动的转移价值有多大？

（五）多重教育功能

在化学课堂上，我们不仅要帮助学生掌握知识和技能，培养他们的过程思维和方法，还要培养他们的情感态度和价值观。通过多种形式的学习，学生可以将所学知识应用于实际问题，从而提高学习效率，深入理解学习的本质、科学过程以及它们的价值，并从中获得自我成长的意义。第一阶段的学习内容具有三个不同的层面：首先，它涉及的知识、技能、过程和方法都具有基础性的价值。例如，学生们已经掌握了一些基本的知识，并且具备了一些重要的实验技巧；其次，他们已经开始接触化学、技术、社会等领域的知识；再次，他们已经开始理解这些知识的形成过程；最后，他们已经学会了科学探究的基本步骤和方法。此外，他们的信息处理、沟通、协作、实践能力也都取得了显著的提高，并且可以应用这些知识来处理一些问题，比如健康、保健安全等。第二，通过丰富的学习经历，学生可以改善自己的情绪、态度和价值观，并且获得更多的成长机会。如是否保持和增强了对生活和自然界中化学现象的好奇心和探究欲望，是否发展了科学学习兴趣，加深了对学习过程和本质的认识，对科学的认识等是否能进一步发展，是否促进了学生建立"世界是物质的""物质是变化的"理论与实践之间的关系等观念，是否有助于学生科学地认识化学对人类社会的作用，是否感受到了化学是一门实用的、创造性的中心学科，是否发展了学生的实践能力和创新精神，等等。第三，学习任务和学习活动是否能展现和发展学生主体的真实价值，促进学生成为有价值的人。如学生的自我意识和自我评价能力是否能得到培养和提高，是否认识到了自己在学习过程中的作用，能否帮助学生意识到自己的学习优势和不足并加以改进增强自我监控意识、改进学习策略与方法等。

三、限制化学课程探究式教学开展的因素

探究科学是一种重要的学习方式，它能够帮助学生提高科学素养。组织探究式教学可能会遇到挑战。我们必须仔细研究它们的局限性，并采取合理的措施来促进学生的科学探究学习。以下将从学生、教师和社会环境等多个角度深入探讨限制性因素。

（一）学生自身影响

1. 学生的科学探究意识

学生应该充分发挥自己的潜力，勇于挑战自我，参与多元化、创新性强

的科学探索，以获得更好的学习成果。所有的行为都是由某种意志驱动的，而科学研究和学习则需要更加强大的内在动机。通过科学探索，可以更好地理解知识，更加深入地体会到科学的魅力。这种学习方式不同于传统的教育，而是鼓励学生通过实践、思考来获取信息，并且在这个过程中培养他们的情感、思维以及正确的价值观。在探索的过程中，学生会面临各种挑战和问题，需要他们去努力解决。

若没有强烈的科学探索精神的引导，学生将无法主动发现、提出问题，也无法积极地寻求解决方案，更无法与老师和同学建立良好的沟通。因此，培养学生的科学探索精神是促进他们深入研究和发现的关键要素。

2. 学生已有的知识经验

基于先前学习的知识，学习是一种有效的方式。所有的学习都需要通过一系列的预先准备工作来实现，而不仅仅是在纸面上的简单涂鸦。通过科学探究学习，我们鼓励学生们勇于尝试，更好地理解探究问题，并运用所掌握的知识来分析问题，得出自己的假设，在处理和分析数据时，也可以更加清晰地表达出来，更好地掌握所学内容，更加全面地掌握相关的概念、原则、经验，实现自身的发展；通过不断的探索和实践，学生们可以从现有的知识和经验中获得更深刻的认识，并从中获得新的见解。因此，通过深入的研究和实践，学生们积累的知识和经验，以及他们的思维模式，都会对他们的科学探索活动产生重要的影响，提升其学习效果。

3. 学生的元认知水平

弗拉维尔的元认知概念最初源于美国心理学家的研究。元认知是一种深刻理解、掌握知识的认知活动，它可以帮助个人更好地认知自身的能力、学习材料的特性以及采用的学习策略，从而更好地实现自身的目标，并且可以通过反馈、调整、优化和完善来不断提升个人的知识水平。

与传统的教育模式相比，探究性学习的一个重要特征在于学生可以拥有更多的自主性，能够独立思考、构建假设，并通过实践活动发现真相，从而达到更好的学习效果。为此，学生需要建立良好的自律机制，以便更好地掌握学习的节奏。通过自我监督，学生可以更好地理解和掌握化学探究学习的内容，而元认知能力则可以有效地提升学生的学习效率，更好地实现学习目标。

　　学生具有较高的元认知水平，他们就能够更加深入地思考和反思自己的学习过程，并有意识地进行自我评估和调节，提高学习的目标性、计划性和灵活性，包括：（1）通过多种方式来反思自身的观点，比如表达对问题的理解，清楚地认识到理解上的偏差，并且能够作出有价值的判断，从而更好地把握自身的发展；（2）应该积极关注异常数据和与直觉不一致的现象，当面临困境或者遇到挑战时，要及时反思，及时发现错误，并积极采取措施进行改正；（3）能够综合考量多种可能的解决方案，仔细审视自身和他人的观点，并尽力深入思考，以便作出最佳选择；相比之下，自我监控水平较低的学生很少会对学习过程进行自我评估和调整，他们更多地把重点放在问题本身上，而不是深入思考为什么要这样做，只是盲目地按照规定的步骤去"做"，而没有真正思考其中的原因。尽管我们努力完成了任务，但是我们很少对其有效性进行反思和评估，甚至不清楚自己正在做些什么，因此也无法有效地调整学习过程。由于缺乏有效的规划与目标，这种探索式学习很可能会带来不少困难，从而降低其效率。

（二）教师影响探究学习

　　教师在教育体系中扮演着至关重要的作用，他们的工作不仅仅是传授知识，还需要提升个人的能力，激发创新性思维，持续改善自身，以期达到最佳的学习状态，从而使他们成为探索式学习的推动者，确保探索式学习的顺利进行。

1. 问题情境的创设水平

　　问题的存在是探索学习的基础，它们构成了一个有效的学习环境，通过精心挑选和设计有效的问题，让学生们在有趣的环境中进行深入的探索，从而获得更多的知识，更好地理解和应用知识，从而达到更好的学习效果。因此，教师如何创造问题情境是非常重要的。在问题情境中，学习者需要具备三个关键要素：首先，他们需要基于先前的经验来发现问题，探究内容可能是新的，但我们要努力去掌握它；其次，教师需要设计出高水平的问题情境来激发学生的认知兴趣，这是化学探究学习成功的关键[①]。

2. 探究氛围的营造水平

化学探究学习鼓励学生以多样化的方式进行探究，包括观察、研究、实验、搜集信息等，以便更好地理解和掌握知识，最终形成独立的见解和结论。其重点是将学生放在核心的位置上，让他们有更多的选择权和自主权，并鼓励他们勇敢地去尝试新事物。为了达到这个目标，必须创建一个有利于学生自主探索的环境，使他们能够享受到公平、公开、友善的待遇。在这个良好的氛围中，师生之间相互尊重和理解是非常重要的。在这里，我们需要强调对学生的尊重。作为教师，应该平等地对待每个学生，尊重他们的个人意见和选择。特别是在"差生"这样一个传统的观念中，应该用一种赞许的态度来对待学生，并且给他们提供一个机会，让其勇敢地表达自己的想法，去寻求自身的优势，去感受自己的成就和价值。此外，应该鼓励学生之间彼此尊重。通过这种方式，可以更有效地协作和沟通，实现我们的教学目标。通过营造一个充满民主、公正、融洽的学习环境，教师可以为化学探索的进程提供强大的支持与保证。

3. 教师专业技能水平

通过探索性的学习方式，可以看到一个完全不同的教师形象，这需要教师不断调整自身的角色定位，从传授知识的人转向帮助学生成长的人。为了成功地完成这个角色的转换，老师需要具备出色的专业素养和相关经验。拥有过硬的专业素养和专业技能对探究学习的影响体现在两个方面：一方面，他们的专业技能会直接影响到学生的学习效果，因此老师需要具备深厚的知识储备，并具备较强的灵活性，以便能够利用这些知识来分析、解决新的挑战，实现真正的学习互动，激发学生的兴趣，促进他们的思考；另一方面，教师的智慧与组织能力也至关重要。在探索的过程中，学生们可能会遭遇挑战和困惑，甚至偏离他们的初衷。教师需要拥有敏锐的观察力，能够发现学生的问题并给予适当的帮助。教师还应该及时发现并评估学生的表现，鼓励他们通过交流、讨论和反思来提升自己。

① 唐力. 化学探究式教学过程建构性特征的研究 [J]. 课程. 教材教法，2002（3）：54-59.

（三）社会环境

　　探究性学习，不仅需要假设的提出和数据的解释，更需要借助于各种物力和人力资源，如实验设备、图书馆、信息中心、活动场所、专家等。这些资源仅仅来自学校是不够的，我们需要从社会中获取更多的资源。另外，探究性学习的开放性使传统的大班教学往往很难顺利进行，因此发展小班化教学既能保证合理的师生比，也是探究性学习顺利开展的重要保障之一。在物质资源的支持下，社会各界人士应该积极参与探究性学习，以实现更大的发展。

第六章

类比迁移与发散思维在高中化学教学的应用

本章主要讲述了类比迁移与发散思维在高中化学教学的应用，主要介绍了两部分内容，分别是类比迁移在高中化学教学中的应用和发散思维在高中化学教学中的应用。

第一节　类比迁移在高中化学教学的应用

一、类比迁移概述

类比是思维的过程，迁移是思维的结果。通过类比、迁移，我们可以利用已有的经验和方法来解决新出现的问题。学习可以帮助我们获得新的知识和技能，并且改变我们的情感态度和行为习惯，从而适应新的情境模式。教师研究类比归纳和学习迁移的方法，可以大大提升课堂教学的效率，更好地满足学生的需求。通过运用类似于登山的实验、利用高山流水的自然现象来深入探究化学反应的本质，以及利用相似的物体来描述不同的物质之间的相互作用，学生可以更好地掌握化学知识。

（一）类比的概念及分类

1. 类比的概念

类比是逻辑思维的重要组成部分，它旨在以两个物体具有某些方面的相同或相似性为依据来推测它们在其他属性上也可能相同或相似。通俗来讲，类比的推理过程是比较两个物体，如果它们有某些属性相似，且其中一个物体拥有其他的属性，则推测另一个物体也有这样的属性。显然，类比的基础是比较。

2. 类比的分类

类比是建立在比较双方的相似性之上的一种逻辑思维方式，但是由于相似对象的属性之间往往存在着十分紧密的联系，因此，类比所得出的结论并不一定正确。随着研究技术的发展，类比结论的正确性也在不断提升。

（1）质料类比

质料类比就是针对类比对象与应予解释的系统的性质的类似性所进行的类比推理，它是建立在物体和系统的共同特征的基础上的。

例如，无机酸水溶液中都存在氢离子，这一点从盐酸和稀硫酸水溶液中就能得到印证，乙酸水溶液中同样也存在电离出的氢离子。将有机酸（羧酸）和无机酸进行类比，类比的对象是无机酸，应予解释的系统是有机酸（羧酸），两者具有共同的属性，即都能在水溶液中电离出氢离子，因此得出两者都能使酸碱试剂变色，都可以和金属、碱、碱性氧化物和盐酸发生化学反应。类比推理的结论可靠性受到质料类比的影响，其论证基础为类比物与应予解释的系统的性质相似性，而这种相似性仅仅是表面现象，无法保证其可靠性。

（2）形式类比

形式类比可以比较两个物体之间的因果关系和规律，从而让人更好地理解它们之间的联系。通过对不同的因果关系和规律的对比，形式类比的结论更加可信，从而使得我们能够更好地理解事物的本质。例如，所有的化合物，包括锂、钠和钾，其最外层的电子数量都是 1 个。根据原子结构示意图，锂、钠和钾都具有类似的特征：当其中一个电子脱落时，它们会发生反应，形成阳离子。因此，它们之间存在着相似的因果关系，即电子容易脱落，并且更容易与氧气、酸、水发生化学反应。

（3）综合类比

综合类比可以将两个不同的物体之间的许多共同点归纳为一种类比关系。当两个类比对象具有许多相似的特征时，它们可能具备许多共同的功能。综合类比的分析，可以从多个角度深入了解事物的性质，从而得出可靠的结论，但也不能完全保证其准确性。例如，仿生学中所使用的用于进行模拟生物器官设计的装置，是耗费了大量资源对无数生物器官进行类比所得出的成果。

（二）迁移的概念及分类

1. 迁移的概念

通过"举一反三""触类旁通"，人类可以从自身现有的知识储备中汲取灵感，并将其应用到实践中，不断拓宽自身的视野，提升自身的思维能力，实现自身的发展，这就是迁移。换句话说，迁移是一种学习方式，它会对另一种学习产生影响。这种影响来自在一个情境中学到的技能、知识或态度。本节探讨的"迁移"是一种心理学概念，可以被称作"学习迁移"或"训练迁移"。

2. 迁移的分类

从多种视角来看，迁徙可以被归纳为两种：一种是积极的，另一种是消极的，这取决于它们对社会发展的影响。当一种学习方式能够促进另一种学习方式时，这种现象被称为正迁移。不同的学习方式可能会产生不同的影响，因此负迁移也可能会产生。例如，当学生掌握了强酸制弱酸的原理之后，他们就能够轻松地理解为何将盐酸与碳酸钙反应会产生 CO_2，将硫酸与亚硫酸钠进行反应能产生 SO_2，这就是所谓的正迁移。但是强酸制弱酸的原理也可能让学生感到困惑，因为硫化氢与硫酸铜反应产生了硫酸和硫化铜，这种困惑就是所谓的负迁移。通常，在学习过程中，负迁移需要通过多次重复和练习来消除。因此，我们应该尽量减少负迁移的出现，并增加正迁移的出现。

不同的迁移方向可能会导致顺向或逆向的迁移，例如，通过已有的关于原电池的认知，学生可以更容易地理解并掌握电解池的工作原理和学习模式，这种顺向迁移的效果可以大大提高学习效率。学生在学习了新的知识后对原先学习的知识的认知产生了变化，这就是逆向迁移。例如，通过学习电解池的工作原理，学生对化学电源中铅蓄电池的认识发生了变化。不论是正向还是逆向的迁移，都可能会产生积极或消极的影响。

按照迁徙的规模，可以将其划分为一般迁移和具体迁移，这种划分又被称作非特殊迁移与特殊迁移。将已有的技能、规律、原则以及情感态度等经验转移到新的学习环境中，这种转移就是所谓的一般迁移，它的影响力可以覆盖更广泛的领域。例如，早期阅读训练所获得的阅读技能可以帮助学生更好地理解各种学科的内容，尤其是化学。然而，由于许多学生缺乏这种转换的意识，因此在遇到相关问题时，往往无法立即理解。将已获得的知识、技能、规则、原则以及情绪态度等经验直接运用在新的学习过程中，这一过程被称为具体迁移。例如，通过学习氧化还原反应，学生可以更好地理解电化学的本质。在教学中，我们应该充分考虑到技能、方法、策略和态度的多样性，重视它们的迁移，并且结合实际情况，给予学生更多的指导，以帮助他们更好地理解化学的发展历程，并培养他们的科学思维，激发他们对化学的兴趣。

按照迁移的内容的抽象性和概括性的差异，可以将其分为水平迁移和垂直迁移两种形式。换句话说，水平迁移意味着将相似的知识点汇集在一起，并将它们归纳为相似的概念。例如，当研究卤素元素时，我们可以通过比较它的单质和化合物的特征来探究它的性质，而氟、溴、碘元素也可以从中发现与之相近的特征。垂直迁移意味着将原本属于一个领域的知识转移到另一个领域，这两者可能有所差异。在初中阶段，学生们主要是通过氧化还原反应氧的得失来理解这个过程，但是到了高一，他们就需要更加深入地研究氧化还原反应的机理，比如从化合价的变化、电子的流动或者偏移等方面来掌握这个过程。

二、类比迁移的影响因素

（一）学生自身

1. 学生的认知结构

学习者的认知结构反映了他们对于各种学科的理解能力，以及他们在日常生活中积累的经验。这些认知结构的不同会对他们的学习行为产生重大影响，包括可利用性、可辨别性、稳定性和清晰度。

根据认知结构迁移理论，当学生接触到新的知识时，他们的已有认知模型就具备了很强的可利用性，这样就能够帮助他们更容易地将新旧知识融合在一起，从而提升他们的学习效率。比如，在学习化学平衡方面，良好的认知模型就能帮助他们更好地掌握盐类的水解和沉淀的溶解平衡；当拥有较强的认知结构，就能更好地区分两个相似的原理和概念。这样，我们就能更好地提升我们的认知水平，并且更容易将所学内容转化成实际的应用。比如，当学习了化学平衡移动原理之后，就能更好地理解物质的运动规律，避免出现错误的认知。这样就更容易将所学内容转化成实际的应用，随着现有认知结构的稳定性和明确度的提高，其效果会更加显著。随着对新知识的学习，对氧化还原反应的熟练掌握将大大提高学生对化学方程式和电化学中电极反应式的理解，从而更加深入地理解和运用这些概念。

换句话说，学生的现有知识框架对于他们理解新概念至关重要，因为现有知识框架可以帮助他们培养类比思维和学习转化。为了达到最佳的教育效果，学生应该积极参与课堂活动，努力深入理解基础概念，并且自觉地将所学的知识结构化、系统化，以便更好地实现自身的发展。

2. 学生类比迁移意识

由于学生缺乏类比迁移的意识，这种方法在化学学习中的应用受到了限制。学生应该深刻理解各个学科之间的关联性，以及它们如何通过类比和迁移来拓展自己的视野，从而更好地应对日常生活中的挑战。

在化学领域，不同的知识点和新的观念可能会导致类比转换的发生。在初中阶段，人们对氧化还原反应的理解主要是从得氧、失氧的角度出发，但是随着学习的深入，人们开始更加关注氧化还原反应的本质，这能更好地理解它的特征和本质。因此，初学者在判断氧化还原反应时，应该从得氧、失氧的角度出发，以更全面地了解它的特性和本质。由于二氧化硅可以与氢氟酸反应生成氟化硅和水，许多学生便认为它是碱性氧化物，实际上这种认知是由于旧知识的局限性，而不是新知识的发展所带来的思维定势。随着对新知识的学习，原有的概念和技能可能会产生新的思维模式。老师应该准确地把握可能导致学生学习困难的知识点，在教学过程中给予学生深入的分析、指导和实践，以便及时发现问题，解决问题。

3. 学生学习主动性

根据最新的课程标准，必须摒弃传统的教学理念，强调学生的主导作用，激励他们积极参与，自觉探索、分析、应用所学知识，以期培养他们的核心学习能力。学生在学习过程中应积极主动地记忆基础知识和技能，并通过完成大量练习题来巩固所学知识，从而实现知识的建构。奥苏泊尔指出，学生的学习积极性和良好的知识结构对于他们的类比、迁移能力至关重要，这种积极的态度可以帮助他们更有效地进行迁移。

（二）教师因素

1. 缺乏教师指导

当前，由于研究人员缺乏实际操作经验，而一线教师又没有足够的理论基础来进行指导，因此，理论研究和教学指导之间的联系一直处于被忽视的状态。为了提高教师的专业水平，学校和教研室积极组织与类比、迁移相关的培训和研究活动。这些活动旨在帮助教师不断学习新的教育理论和心理学知识，并将其应用于课堂教学中。此外，学校还鼓励教师将自己的教学经验、总结和反思整理成文章，供新教师参考和学习。教师应该认真思考如何把理论与实践结合起来，并利用自己的专业知识和丰富的生活经历来提高教学质量。同时，还要让类比的方法在课堂上得到更好的体现。

灵活运用知识是一种能力，人教版化学教材中蕴含着大量的类比案例。为了提高教师的教学效果，我们鼓励教师将优秀的案例整理成册，并在校园内建立类比、迁移教学资源库，以便更好地帮助教师提升教学水平，促进教师之间的学习与交流。我们也鼓励教师积极撰写文章，将自己的教学经验、反思和总结汇集起来，以便为新的教师提供有价值的参考和借鉴。同时教研室和相关部门应大力支持当地学校教师的交流，鼓励开发类比、迁移教学资源。

2. 教师对类比、迁移能力的培养

化学教师通常都有较强的类比、迁移意识，他们注重将新旧知识进行比较，并能将这些知识应用到实际生活中。然而，为了让课堂更有效率，教师会在上课时简化知识回顾、科学实验、情境导入和生活案例等内容，导致学生对教师的教学内容印象不深，只能通过做题来消化知识点。虽然将知识转化为实践可行的方法可以帮助学生更好地理解和应用，但仅仅将其转化为考试要求的知识点，远远不足以满足教师对学生类比、迁移能力的要求。

在课堂上，老师应该认真制定课程计划，确保课堂效果。为了让学生更好地实现自己的梦想，应该给他们制定明确的学习目标，以便他们能够更加集中精力地去实现这些目标。此外，还应该根据学生的不同认知水平，制定出适合他们的教学方案，使他们更好地理解和掌握课程内容；为了更好地引

导学生，应该充分利用他们的日常经历和所掌握的知识，让他们对化学产生兴趣，促使其通过类比的方法去理解和掌握这些概念。同时，还应该鼓励学生多尝试新的方法，以便更好地运用所学知识。

三、类比、迁移在高中化学教学中的改进

（一）完善认知结构

当学生的认知结构变得更加完善时，他们就更容易进行类比和迁移，并且在面对新的问题情境时，他们解决问题的能力也会更强。为了帮助学生更好地理解化学，建议从初中开始就关注化学，并将其纳入自己的思维体系。教师应该在每一堂课的开始阶段给予学生充足的反馈，这样不仅有利于他们保持良好的情绪，还能够激发他们的学习兴趣，使他们更好地理解和掌握知识；完成每一节课的学习任务之后，应该给予一定的时间来复习，以便让学生形成一个全面的知识体系。比如，学习离子反应时，发现许多离子无法同时存在，这些情况包括：容易形成沉淀、气体或水。随着对氧化还原反应的理解，发现即使是容易形成氧化还原反应的离子，也无法同时存在（如亚铁离子与硝酸根离子、氢离子、铁离子与碘离子）。此外，即使形成弱电解质（如酸、碱、水），也无法同时存在。

除了要求学生在课堂上专注聆听，并且能够根据课程的内容和节奏来思考，还应该作好相应的课堂笔记，在课后完成相应的练习，以便更好地掌握重要的化学规律，完善自己的认知结构，从而为将所学知识运用到实践中打下坚实的基础。

（二）精准透析概念

在课堂上，老师应该认真思考课程内容，并使用适当的例子来帮助学生理解难以掌握的知识。通过精确的分析和概括，可以提升学生对相关概念的理解和归纳能力，从而促进其正向思维的发展。

（三）组织建模教学

通过建立模型，可以更好地理解系统之间的因果关系和相互作用。通过

运用化学教学建模技术，可以深入探究化学问题的规律，并结合系统的知识和经验，构建出更加完善的模型。建模教学的作用有：（1）能够更快地理解问题，并在解决问题时提供宝贵的信息；（2）通过这种方式，我们可以大幅度提升总结能力；（3）通过这种方式，学生可以迅速掌握新的知识和技能。

（四）精选变式训练

通过学习，可以更好地掌握知识，并将其应用到实际中。因此，老师在安排课堂训练或课后作业时，要认真设计，让学生通过相关练习和训练来深入了解问题，提高他们的分析问题、概括、总结等能力。此外，老师还要经常给予学生一些变式训练，鼓励他们尝试多种不同的方法来解决同一个问题，提升他们的发散思维和类比、迁移能力。

（五）注重错题分析

通过分析错题的原因并进行改正，不仅可以帮助学生总结经验，还能够加强记忆，避免类比思维的产生，减少负迁移的发生，增加正迁移的发生，从而提升学习效率。然而，学生通常勤奋精神不足，他们不太喜欢思考，即使有时会尝试纠正自己的错误，也仅仅是简单地改正答案和就题论题，缺乏深入的理解和反思，再次遇到类似的问题仍然会犯错。学生懒于总结、反思和归纳同类题型，是他们成绩不佳、学习效率低的重要原因之一。

老师应该给每个学生提供一本详尽的化学错题本，用来帮助他们在平时的练习中避免出现失误，在考试时也能够有效地提高成绩；根据不同的题型，如概念、图形、技巧、计算、实验等，将试卷进行系统地归纳总结，清楚地阐明每个题目涉及的知识点及其相关的章节；通过使用多种颜色的笔来强调重要性，仔细检查并分析可能存在的问题，记录下解决问题的方法、思路、原则、技巧以及个人感受；要定期检查自己的学习成果，及时纠正错误，并加强对知识的深入理解，以免重蹈覆辙。通过对错题进行系统地归纳总结，能够收集到宝贵的复习材料，这些材料不仅能够帮助学生弥补知识上的不足，还能够激活他们的思考力，更好地把握重要的知识点和技能，提升学习效率。老师应该定期监督检查学生的作业情况，鼓励他们认真整理作业。如果学生能做到这点，老师应该给予奖励，以激励他们继续努力。

第二节　发散思维在高中化学教学的应用

一、在高中化学教学中运用发散思维的必要性与表现

（一）发散思维引入高中化学教学的必要性

1. 新时代对高素质人才的要求

在当今这个充满挑战的时代，将发散性思维纳入高中化学课程的教学已成为必然。高中化学课程在科学教育中扮演着至关重要的角色，它能够帮助学生培养出良好的科学素养，能够为他们的未来发展奠定坚实的基础。在 21世纪，人才的竞争变得越来越激烈，因此，我们必须努力培养出满足当今社会发展需求的优秀人才，这些优秀人才不仅要拥有良好的教育背景，还应具备创新精神。作为一门具有深远影响的学科，高中化学课程肩负着激发学生科学精神、发展他们的创新思维能力的使命。高中教师应该充分利用发散思维的优势，在化学课堂上引导学生进行探索性的思考，以激发他们的潜能，最终帮助他们实现创新梦想。

如果不重视学生的思维发展和变化，就无法让他们的思维得到充分的锻炼和提升，不能使他们更好地理解并灵活应用所学知识。如果教师不能够跳出传统的化学教学模式，拓展学生的思维，就不能满足当前的教学要求。因此，教师应该重视培养学生的创造性思考能力，并通过有效的课堂设计来帮助他们更好地理解和运用知识，增强他们的思维敏捷度、自主性和创新性。为了增强学生的发散性思维，教师应该在日常的化学课堂上加强对学生思维的训练。

2. 可以提高学习的有效性

"有效"是一种教学方法，旨在帮助学生在学习过程中取得进步和成长。有效的教学可以帮助学生取得更大的进步，更好地理解所学的课程内容。化学课程涉及许多知识，但是记忆起来十分困难。运用发散思维可以通过比较类似的概念和概念图来帮助学生更好地理解和记住这些内容。

教师们应当积极利用多种视角来深入探究同一个问题，以便更好地激发

学生的创新能力。化学课程中的题目多种多样，学生在练习过程中经常会出现错误；通过教师的指导，学生很快就能掌握知识，但是在课下练习时，却经常犯错。相同类型的题目，只要稍微改动，学生就难以正确解答。为了应对这种情况，教师可以运用发散思维来有针对性地解决问题。例如，一道题目使用多种方法进行训练。

近几年，化学试题的变化非常显著，其中包括引入新的情境和背景，这些变化使得学生面临着极高的挑战，尤其是那些思维能力较弱的学生，他们很难把握题目的内涵，且无法把它们与自己的所学知识相结合，因此他们的答题效率非常低。

如果教师能够将发散思维融入高中化学课堂教学设计中，重视培养学生的发散思维能力，那么学生就能够更好地理解知识，并将其运用到实践中，从而提高学习效率。

3. 可以提高教学的效率

在高中化学课上，教师应该根据课程的特点来制订三维的教学目标，清楚地了解课程标准和高考的要求，并且加强教学策略的制订，合理安排课堂活动，突出专题，鼓励学生进行有效的讨论，以便更好地巩固所学的知识；帮助学生解决疑难问题，打牢基础，并注重培养学生的发散思维能力。在高中阶段，化学课程涉及到许多复杂的内容，并且具有较高的记忆难度。因此，在这个阶段，有效地掌握、理解、综合和构建知识体系就变得至关重要。通过将发散性思考与高中化学课程相结合，教师可以培养学生的创新性、敏捷性和独立性，并帮助他们增强综合思考能力。这样，学生就能够更有效地应用所学的化学知识，解决实际问题，节省学习时间，提升学习效果。

4. 高考命题的要求

高考的命题要求包括：（1）基于学生的扎实学科知识；（2）基于出色的思维能力；（3）基于批判性思维和实践能力的培养。由此可见高考更加关注培养学生的思维能力，并且提出了更严格的要求。经过深入研究，我们发现目前的高考试卷已经开始出现教学与评估分离的现象，而且这一趋势还在不断加强。在高考试卷中，我们会发现许多来自最新的科技和化工领域的知识，以及日常生活中的实际情况和环境问题。然而，由于学生们对这些内容并不熟悉，他们可能会感到非常困难。当学生面对新的考试思路时，他们可能会感到陌生，没有任何思路可循。甚至有些学生可能根本无法理解题目，更不用说灵活运用知识了。

（二）发散思维在化学教学中的表现形式

发散性思维可以在高中化学课堂上帮助学生建立知识网络，并让他们能够灵活地运用所学的知识。这有助于他们理解和掌握知识，并促进创新思维的培养。

在化学课堂上，教师应该把精力放在帮助学生更好地理解、应用所学知识上，而不仅仅局限于传授知识，要让学生充分发挥自己的潜力，从而使他们能够灵活地应用所学知识。

例如，在元素化学课堂上，教师可以着重讲解各种物质的特性，以便学生更好地理解它们；通过从不同的角度深入探究物质的本质，并结合现代科学技术，帮助学生建立一个完整的知识结构。随着物质性质的复杂化，学生们面临着极大的记忆挑战，这很容易使他们对学习化学失去热情。

随着高考的发展，新的知识点和情境不断涌现，因此，在化学考试中，正确选择、提取、分析、运用和运用这些知识点变得尤为重要。许多教师只关注课堂上的论题，而没有意识到培养学生的化学信息选择、提取、分析、联想和应用能力的重要性，这导致了学生思维能力的不足。

通过化学实验，学生可以更好地理解化学规律，更加深入地探究它们之间的关系。然而，这也意味着学生必须具备较高的思考能力，除了掌握化学实验的基础知识，还应该拥有独特的思维和创新的解决方案。许多教师只是为了讲解实验题而进行实验，而没有考虑如何培养学生的发散思维和创新思维能力。学生们往往只停留在解决实验问题的表面，而没有真正深入探究。

尽管教师们已经意识到不能使用题海战术来应对化学学习，但他们却没有较好的办法来解决这一问题。一题多解、一题多变、一题多问、一题多答等方式，可以帮助学生培养出发散性思维能力，从而提升学习效率。因此教师也要从这个角度进行深入的研究，改进教学策略。

通过引入发散思维的方法，教师能够更有效地授课，从而更好地满足新的教学标准和高考的要求，提升学生的化学知识水平。

二、学生在化学教学中培养发散思维的策略

（一）激发学生的思维发散意识

为了培养学生的化学发散思维能力，教师要打破他们对事物的认知惯性和思维惰性，强化他们的思维发散意识。强大的思维扩展能力是培养学生创新思维的关键因素。

为了激发学生的创造力，教师应该鼓励他们自主思考和探索。为了提升教学质量，教师需要不断努力，比如，制订具有创新性的课程设计，并将多元思考方法融入高中化学课堂教学中，以培养学生的多元思考能力。

在课堂上，教师应该积极引导学生进行发散性思考，以此来提升他们的创新能力和解决问题的能力。在高中化学课堂上，通过将各种知识模块、内容以及方法融入教学，教师不仅可以唤醒学生的创新思维，还可以极大地提升教学的效率和质量。

（二）发散思维的训练内容

培养发散思维的三个重点是：流畅性——发散的量；变通性——发散的灵活性；独创性——发散的新奇成分。

1. 训练思维的流畅性

思考的流畅度可以通过对中心概念的快速概括来体现，这种能力可以通过对概念的持续扩展来实现。通过联想训练和反向思考，可以帮助学生提高他们的思维能力。

通过联想训练，可以在课堂上帮助学生更好地理解和应用所观察的现象，并想让他们快速想出类似、相关的概念和技巧。

通过逆向思维，可以以一种全然不同的视角来探索新的知识，并以此来解决现存的问题。通过逆向思考，能够更好地解决化学推断题。此外，通过分析物质的结构，我们也可以更好地理解它的特征。

采用联想训练和反向思考的教学模式，不仅可以丰富学生的基础知识，还能够促进他们的思维活跃度，大大提升他们的思考水平。

2. 训练思维的变通性

思维的多样性意味着我们可以从多个视角来探索一个问题，并且可以根据不同情况作出适当的调整，以便更好地理解它。通过不断的训练，可以提升我们的思维能力。我们鼓励学生从不同的视角来看待相似的问题，并尝试将这些知识运用到实际中，以探索出更有效的解决方案。如果没有良好的思维流畅性，想要发挥出最大的潜力，就必须先进行思维流畅性的训练，否则，即使是最优秀的思维模式，也无法发挥出最大的潜力，从而影响变通性的训练效果。

3. 训练思维的独特性

独特性意味着以全新的视角来审视和反映事物，并且能够提出超越常规的见解。为了鼓励学生思考，应该鼓励他们提出独特的、有创造性的想法，而不是局限于固定的答案。教师应该提出有价值的问题，帮助学生进行深入思考。例如，在教授阿伏伽德罗定律和相关推理时，可以让学生根据所学的内容创建各种题目来进行练习。

通过设置更多的开放性问题，可以提高思维的流畅度，越多的问题和知识点可以帮助我们更好地理解和掌握思维模式，通过从不同的角度来完成任务，可以展现出独特的思维方式。

（三）发散思维的训练方法

1. 通过信息培养发散思维

在化学课堂上，我们会给学生们提供新的信息和情境，让他们能够根据这些信息和情境进行思考，并将其转化为实际应用。这样的训练方式不仅可以帮助学生们更好地理解知识，还可以锻炼他们的迁移能力和变通能力，提升他们的思维流畅性和独特性。

2. 通过比较培养发散思维

通过比较不同事物之间的关系，从多个角度深入分析它们的异同点，可以更准确地把握知识点，更清晰地理解它们，提高思维的流畅性，并培养出灵活变通的能力。

3. 习题培养发散思维

通过设定问题情境，让学生进行讨论和答辩；化学题目可以通过多种方法来解决，化学试题应该提供多种可能的答案，并且应该着重探究问题的解决方法。这样做不仅能够帮助学生培养独立思考的能力，还能锻炼他们的思维灵活度和发散能力。通过题组的形式，可以有效地考查学生对知识的理解，引导学生进行思考，加强概念的辨析，并绘制相关概念知识的思维导图，使知识形成网络，深入探究基本概念的内涵和外延，提升思维的流畅性和灵活性，促进独特性思维的发展。

4. 实验培养发散思维

在新的课程标准中，高中化学课程应该让学生们体验科学探究的乐趣，学习科学研究的基本原理，深入理解科学的本质，培养创新思维和实践能力。化学是一门以实验为基础的学科，教师应该充分利用实验教学的优势，引导学生进行深入的科学探索，加深对科学本质的理解，培养学生的创新思维和实践能力。

因此，在高中化学课堂上，老师应该特别注意实验的教学。通过深入探究化学实验的各个方面，如实验原理、设计、装置、现象和误差，老师能够帮助学生扩展思维，增强他们的创造力和想象力。这样，他们就能够更好地运用所学知识。

5. 立体思维网络结构

立体发散是一种以知识点为起点，以多种视角、形式和层次的命题变换，构建出的一个由点、线、面、体组成的复杂的思维网络。通过在高中化学课堂上运用立体思维方法，我们可以帮助学生建立起一个完整的发散思维网络，提升他们的创造性思维能力。

6. 运用思维导图

思维导图是一种有效的学习工具，它可以帮助学习者将复杂的知识以可视化的方式呈现出来，更好地理解和掌握某一领域的知识。

通过将思维导图应用于高中化学教学，不仅可以帮助学生更加深入地理解化学知识、概念和原理，还能够有效地培养学生的发散思维能力，使他们更加灵活地运用所学知识。

三、在高中化学教学中运用发散思维的方面

（一）发散思维在化学概念教学中的应用

化学的基本概念和原理对于我们理解和应用化学知识至关重要，它们不

仅仅是高中生的必修课程，更是未来几年考虑的重点，因此，掌握这些知识对于我们来说非常重要。化学的基础理论对于整个化学领域来说至关重要，它们将不同的知识联系起来，并发挥着桥梁的作用。如果学生没有建立起一个清晰的化学概念，他们就无法准确地理解化学变化的内在联系和规律，无法真正掌握所学知识。因此，采取有效措施来深入探究和掌握化学基础理论，对于提升课堂教学质量不可或缺。

化学的基本原理是核心，也是基础。新教材更加强调将知识运用到实践中，而非单纯地考察化学概念。它将与其他的化学原理相结合，并将这些内容与最新的科技、化工生产、日常生活以及环境问题相关联，以便更好地帮助学生掌握化学知识。这样，我们就能够更好地帮助学生掌握化学的核心思想，提高学习效率。在教学过程中，应该摒弃传统的单一知识，要结合实际情况，让学生更加深入地理解，形成立体的知识网络，以便他们能够灵活地将基础概念应用到实践中，提升他们的分析问题和解决问题的能力，从而促进他们的发散思维能力的培养。通过将发散思维应用于高中化学课堂，我们可以通过习题、实验和思维导图等方式来帮助学生更好地理解概念之间的关系。这样，我们就可以根据教学内容制定多种不同的教学方法和学习计划，并鼓励学生进行自主学习，提高他们的学习效率。

（二）发散思维在化学实验教学中的应用

化学是一门探索性的学科，通过实验，可以更好地理解物质的性质和它们的变化规律。在高中化学课堂上，应该鼓励学生通过探索来获得知识，并通过实际操作来提升他们的创造性思维和实践技能。实验教学是化学教学中不可或缺的一部分，教师应该充分利用它来提高学生的学习效果。这种新的教育理念，不仅强调基础知识和技能的传授，还致力于培养学生的实验探索精神和创新思维。

通过化学实验，学生可以更深入地理解和掌握化学知识，这是一种有效的教学方法，它不仅可以激发学生的思维活力和创新精神，还能够激发学生对化学的兴趣，提升他们的科学素养，加深对科学本质的认知。老师可以帮助学生创建一个有关实验的表格，这样他们就能够更好地理解和掌握实验的基本流程，并将其应用到日常的生活中。

第七章

高中化学教学中学科
核心素养的培养

本章介绍了高中化学教学中学科核心素养的培养，主要讲述了高中化学核心素养综述、高中化学教学与德育教育结合、高中化学教育与培养学生创新意识结合。

第一节　高中化学核心素养综述

一、核心素养

（一）核心素养概念

"核心素养"一词从 1997 年开始被广泛关注，其英文为"Key Competencies"，"Key"可以翻译为"关键的""重要的"，结合前文中提到的"Competencies"的含义，"Key Competencies"当时被理解为"核心能力"或"关键能力"，国内学者将其通译为"核心素养"，即处于核心地位的素养。它不是单一的概念，而是复合概念。所谓核心素养，即是全面发展的代名词，从不同的视角可以解读出不同的含义，能涵盖的范围更广。

我国教育目前以培养学生的优良品格和关键能力为首要任务，在三维目标的基础上提出了中国学生发展核心素养，以科学性、时代性和民族性为基本原则，以培养"全面发展的人"为核心，分为文化基础、自主发展、社会参与三个方面，综合表现为人文底蕴、科学精神、学会学习、健康生活、责任担当和实践创新六大素养，具体细化为国家认同等十八个基本要点。

（二）核心素养的基本特点

首先，它是最关键的基础。核心素养是指面向未来信息化社会所需要的那些最关键、最重要的能力，包括创新能力、批判性思维、合作能力、交流能力等。其次，它是跨学科的、融合的。核心素养打破了学科之间的界限，是各个学科领域都应该培养和具备的。再次，它是综合性的、整体的。也就是说核心素养是一个整体性的概念，尽管它的内容表述是分领域的、分维度的，但这并不意味着核心素养是各个领域、维度的简单集合，它具有内在的逻辑联系，在面对复杂的不可预测的情境时，各维度核心素养是共同发挥作用的。所以对核心素养的理解，需要从学生全面发展的角度上去认识，而不能把它割裂成毫无联系的不同方面。

二、学科核心素养

有人认为学科核心素养是核心素养在各学科范畴里的具体化呈现，对此，不同的专家有不同的见解。其中，广大学者普遍接受的一种观点是，学科核心素养与学科课程存在两种基本关系：一是学生通过学习相关学科内容后习得的关键能力，所以每门学科课程都应承担起学生核心素养的培养责任，在学科教学中培养学生的核心素养；二是学生通过对特定学科的学习形成的具有该学科特性的重要观念，因此不同学科对学生核心素养有着不同的独特贡献。

我国充分吸收了国际上的成熟经验，将核心素养具体分解到各个学科中，这对教师的课堂教学及对学生关键能力、必备品格的培养具有明确的指导作用。教师在教学实践过程中，可以将学科核心素养与学科知识相融合，做到有的放矢，发展学生的核心素养。

三、化学学科核心素养

核心素养是各个具体学科核心素养的综合体现，需要通过各个学科教育教学过程去实现。各个学科的核心素养是学生应具备的具有本学科特质的必备品格和关键能力，是学生发展核心素养的重要构成部分。化学核心素养是学生核心素养的学科具体化，是学生核心素养的重要组成部分。化学学科核心素养包括五个维度，具体为"宏观辨识与微观探析""变化观念与平衡思想""证据推理与模型认知""科学探究与创新意识""科学态度与社会责任"。

"宏观辨识与微观探析"内涵是：能从不同层次认识物质的多样性，并对物质进行分类；能从元素和原子、分子水平认识物质的组成、结构、性质和变化，形成"结构决定性质"的观念；能从宏观和微观相结合的视角分析与解决实际问题。

"变化观念与平衡思想"的内涵是：能认识物质是运动和变化的，知道化学变化需要一定的条件，并遵循一定规律；认识化学变化的本质是有新物质生成，并伴有能量的转化；认识化学变化有一定限度，是可以调控的；能多角度、动态地分析化学反应，运用化学反应原理解决实际问题。

"证据推理与模型认知"的内涵是：具有证据意识，能基于证据对物质组成、结构及其变化提出可能的假设，通过分析推理加以证实或证伪；建立观点、结论和证据之间的逻辑关系；知道可以通过分析、推理等方法认识研究对象的本质特征、构成要素及其相互关系，建立模型；能运用模型解释化学现象，揭示现象的本质和规律。

"科学探究与创新意识"的内涵是：认识科学探究是进行科学解释和发现并且是创造和应用的科学实践活动；能发现和提出有探究价值的问题；能从问题和假设出发，确定探究目的，设计探究方案，并进行实验探究；在探究中学会合作，面对"异常"现象敢于提出自己的见解。

"科学态度与社会责任"的内涵是：具有严谨求实的科学态度，具有探索未知、崇尚真理的意识；赞赏化学对社会发展的重大贡献，具有可持续发展意识和绿色化学观念，能对与化学有关的社会热点问题作出正确的价值判断。

以上是对化学学科核心素养五个维度的解读，化学学科核心素养有助于学生形成化学学科思维，认识化学学科价值理念，树立科学的价值观和人生观。它指导教师从高层次、高视野、高境界的角度展开教学，指导学生从高视野、高境界的视角自我发展，以便以后适应社会发展的潮流。

四、化学核心素养五维度之间的关系

分析化学核心素养的构成，可以发现五类核心素养各有侧重，相辅相成。该维度是化学学科特有的核心素养，它教给学生透过现象看本质的重要思想。它与变化观念与平衡思想这个维度关系密切，化学变化进行到一定程度就会达到平衡状态，这将教给学生在生活学习中要正确把握事物的度，超过了这个度，体系就会失去平衡，事物就会进入另一个局面。证据推理与模型认知这个维度，与数学、物理和生物学科有一定的相似之处，它属于学科交叉素养，是在宏观辨识与微观探析基础上的延伸，也是对变化观念与平衡思想的进一步应用。它教给学生用证据来认识事物的本质，发现规律，对学生理性思维的逻辑能力养成有极大的帮助。科学探究与创新意识素养，它是现代教育大力提倡要培养的一个重要核心素养。该素养是学生在现代社会中生存所必需的，它是前三类化学核心素养的综合运用。科学精神与社会责任，强调科学精神和态度，主要包括科学本质、科学态度、社会责任等要素。该维度的核心素养是每门学科都要培养的共同素养，它是一个人成为合格公民的基本素养。该维度化学核心素养与前面四个维度的化学核心素养相互影响，相互促进，是对精神层面与价值观层面的要求。该素养也是对化学核心素养的整体升华，是教师教书育人的最终目标，社会需要的也是有科学精神和社会责任的接班人。

化学核心素养的五个维度之间相互影响，其中宏观辨识与微观探析属于认知基础，它是五个维度的基石，也是化学学科最具本质特点的核心素养；变化观念与平衡思想、证据模型与推理认知属于学科思想，该两个维度化学核心素养的实现是在宏观辨识与微观探析素养的基础上进行的；科学探究与创新意识属于学科实践能力，该维度起着承上启下的重要作用；科学精神与社会责任属于育人价值，也在五个维度中处于最高位置，它在前四个维度的化学核心素养上进行升华，最终达到了化学学科培养目标的最高层次。化学核心素养的五个维度既是一个整体，又有其独立的侧重点，每一维度的化学核心素养都对其他四个维度的化学核心素养的认识与理解有促进作用。

五、核心素养培养策略

（一）学校方面

1. 树立正确的教育观

高中生所需具备的学科核心素养，是学校开设一门学科课程的灵魂，一所学校的办学理念最重要的是应该体现该学校的精神文化，一所学校的办学理念包括校训、校风、办学宗旨、培养目标等。先进的办学理念对内具有向心力以及凝聚力，对外则代表品牌和核心竞争力，学校拥有先进的办学理念为该校培养学生的核心素养提供了有力的保障。

高中学校要根据高中生身心发展的特点，以提高学生身体素质和心理素质为目标，开展适于高中生核心素养发展的课程和教学模式。教学模式要时刻体现以人为本，育人为目标，避免严重倾向于应试教育，尽量减少学生的学业和考试压力，避免题海战术；尊重学生的个性差异，因材施教；注重激发学生的学习的积极性和主动性，养成良好的学习习惯；提倡全面发展学生的综合素质，注重培养学生的应用实践能力、科学探究和创新精神，增强学生的公共意识和社会责任感。学校可以成立一个化学社团，组织学生动手实践活动。不仅丰富学生的课余生活，还能提高学生学习化学的积极性以及自主探究合作学习的能力，培养学生的创新精神和实践能力，开阔学生的眼界，增强学生的化学学科核心素养，使学生的各项素养得到全面均衡的发展。因此，学校要树立正确的教育观，不断地更新办学理念和提升办学目标，更新教学理念，转变教学观念，更新教学目标和方法，为高中生提供一个轻松愉悦、良好的学习环境，营造一个学习化学的优良氛围。

2. 加强实施化学课程

传达化学学科核心素养精神，组织教师根据普通高中课程方案，认真规划好一学期或一学年甚至整个高中学习阶段的化学课程实施的方案。积极组织化学教师参加各种形式的培训，为教师之间的相互交流、研讨和学习提供机会，帮助教师更深层次地理解化学课程标准提出的课程基本理念和性质、化学学科核心素养内涵和各维度素养水平、化学课程目标、化学课程结构、化学课程内容、化学学业质量以及化学课程标准实施的建议，努力提高全校化学教师实施化学课程标准的能力。根据普通高中化学课程方案及课程标准的要求和规定，切实做好高中化学必修、选择性选修以及选修课程的开设和开展，保证三种化学课程的充足的教学时间，保障学生能够达到对应的学业质量水平的要求，并形成良好的化学学科核心素养。

学校在实施化学课程规划的过程中，可以尝试"教师流动走班授课"和"学生流动走班听课"的教学模式来开展，这样即使是在有限的学校硬件设施和教师资源下，化学选择性选修和选修课程依然可以灵活性和多样性地丰富学校的课程内容，还提高了学生学习化学的兴趣，促进了学生的个性化与全面化的发展；还能提高学生对化学学科核心素养的认知程度，注重学生学科核心素养的发展，长此以往，对学生整体性核心素养的发展有非常大的帮助和促进作用。另外，学校还应该结合学校的实际情况，充分有效地利用学校资源和社会资源，加强与其他学校之间的交流与合作，促进学校全体师生核心素养的发展。

3. 加强建设化学教学相关设施

学校应该充分意识到建设化学实验室和学科专用教室的重要作用和意义，按要求配备专门负责管理化学实验室的实验员，并注重提高实验员的专业素养；制定比较完善的实验安全守则和制度，建立科学的实验室运行体制；配备齐全的实验器材、仪器、设备、药品和基础设施，保证所有普通高中化学课程标准要求的化学实验和科学探究活动，学生都能安全、顺利地开展。有条件的学校还应该引进一些现代化先进化学仪器，并在规定的时间对学生或课外兴趣小组开放，让学生在教师或实验员的指导进行科学实验探究。学校还应该为化学学科配备专门的教室，为学生更好地学习化学课程、老师更顺利地展开针对性教学提供场所和创造良好的条件，充分体现化学教学的探究性以及实践性。

4. 加强管理备课与听课

备课活动是帮助教师之间相互交流、探讨、学习的重要途径，教师们相互分享自己的教学设计和见解，可以实现知识的贯通，也有利于学生化学学科核心素养的培养，提高学生对化学科学方法和思想的掌握。所以，学校应该积极组织教师们进行备课，在固定的时间一起讨论某一课时内容或知识点的教学目标、教学方法和教学过程。教师们各抒己见，进行头脑风暴，非常有利于培养学生化学学科核心素养。

　　教师在进行课堂教学时，总会面对不同的情况。不同的授课对象，即使是同一知识点，教师也需要使用不同的教学方法，所以教师要懂得因材施教。如果学校能经常组织化学教师相互听课，教师们就可以互相借鉴，共同进步。不同学科的教师之间也可以相互听课，虽然讲授的内容不同，但在进行备课、上课的思路和方法，以及课堂管理方式上是相通的，这对提升教师的教学能力以及综合素质的提升具有重要的作用。

（二）教师方面

1. 不断更新教学理念、转变教学观念

　　当今教育改革的潮流是培养学生的核心素养，学生化学学科核心素养的培养离不开一线化学教师的努力，教师教出怎么的学生由教师对化学学科核心素养的理解程度决定。作为一名化学教师必须全面透彻地理解化学学科核心素养的内涵，不断地学习新的教学理念，转变教学观念，科学地反思，要有敢于质疑和勇于创新的精神，做到终身学习，以提升自身的专业素养和教学能力。

　　教师只有不断更新教学理念，转变教学观念和教学方式，才能带动学生学习方式的转变，才能有效地落实新课程改革。教师要彻底改变传统的教学观念，反思以往的师生关系，作出正确的调整，以学生为主体，建立和谐的师生关系，营造民主、平等的教学氛围。在教学过程中，教师要淡化自我的权威意识，以学生为中心，引导学生自由交流、相互探讨、科学探究学习。教师还应该正确地用发展的眼光去看待学生，正视学生的差异性，尊重学生的个性发展，关心每一位学生，不抛弃不放弃任何一位学生；注重学生的全面发展，不仅要教给学生知识，还应该注重学生运用实践的能力、科学探究和创新意识的培养，帮助学生树立科学的态度，增强学生的社会责任感和公共意识。

2. 提升教师的专业素养

　　化学教师是化学教学的组织者、实施者，是根据教学目标进行教学过程的执行者，是培养学生化学学科核心素养的实践者，培养学生化学学科核心素养的基本保障是教师自身必须具备相关的专业素养。教师应该努力从教学设计、课堂教学、课后评价与反思三方面提升专业素养：首先，教师应该加

强对化学学科核心素养内涵的理解和学习，深刻体会化学学科核心素养的理念，并且将该理念合理地融入自己的教学设计中去。其次，教师要尽可能地充分利用现有的化学教学资源，努力探索出学生化学学科核心素养培养的教学策略，提出科学有效、创新的方法和对策，在化学课堂教学实践中，帮助学生形成化学学科的思想和方法，培养学生发现问题及解决问题的能力，激励学生勇于创新，逐渐形成良好的化学学科核心素养。最后，对学生在化学课堂中的所形成的核心素养作出客观、公正的评价，正视教学策略的优点和不足，并提出改进意见，同时教师还应该不断进行自我反思，对自身专业素养、教学设计、课堂教学中的优点和缺陷进行评价和反思。

3. 注重课堂教学设计能力

学生在整个教学环节占据着极其重要的地位，不同学生的认知水平、学习和接受知识能力有着不同的差异，但化学课堂却把他们聚到一个班级，通过同样的教材进行教授，这样就无法照顾到全部的学生。在核心素养背景下，教师应该在进行课堂教学之前初步了解学生已有的知识经验和认知水平，围绕化学学科核心素养，制定出适于全体学生的教学设计。教师的教学设计应该明确地提出学生在课堂上要进行的学习活动，并且设计的学习活动应该具有一定的科学性和可行性，主张让学生自主探究学习。教师的教学设计并不是随意地、没有原则地制定，在制定教学设计时，教师要尽可能地抓住主线，利用主线贯穿整个教学设计，学生依照老师给提供的线索慢慢地发掘学习。化学学科核心素养体现在化学课堂教学的每一个环节，在这种思想的熏陶下，学生会使课堂变得更加活跃、生动和有趣，这也极大地提高了学生学习化学的兴趣；在教学过程中，老师要融入学生中，为培养学生的化学学科核心素养的发展奠定基础。

4. 改进教学方法

教学方法是指教师将知识、思想、方法、态度、精神等内容通过某些手段或方式传授给学生，教学方法包括：教师教学的方法和学生学习的方法。新课程倡导的教学方法主要有：自主、合作和探究式教学。在化学教学中，第一，改变传统的接受式学习，让学生自主学习，体现学生的主体性。在学生学习过程中，激发学生学习的积极性，培养他们化学学习的兴趣，从而提高教学的效率和品质。第二，加强学生之间的合作，增强学生的团体意识和合作精神。可以采用小组合作、分组讨论、相互交流的方式，通过学生之间相互合作交流，产生思想的碰撞，能够提升学生思维的主动性、积极性和敏捷性，同时还可以提高学生的语言表达能力。第三，培养学生的科学探究能力，以创设教学问题情境或以"问题链"的形式，对化学课堂教学进行针对性导入。这不但能激发学生的求知欲，让学生积极主动地投入化学课堂的学习之中，还有利于激励学生不断地探索和创新，培养学生的科学探究和创新意识素养。

（三）学生方面

化学与我们的生活息息相关，化学可以帮助我们解决很多的实际问题，因为有了化学，我们的生活才会如此多姿多彩。化学在日常生活中的用途十分广泛，作为学生，应该在平常的生活中善于留意自己身边的事物，尝试着用自己掌握的化学知识和经验去解释它们，养成善于观察、善于发现、善于思考的习惯。此外，学生还应积极关注社会上与化学有关的热点问题，并积极参与到一些与化学相关的社会实践中去，增强自己的社会责任感，无形之中慢慢地形成自己的化学学科核心素养。

第二节　高中化学教学与德育教育结合

一、德育的相关概述

（一）德育的概念

从道德教育包括道德认识、道德情感、道德意志、道德行为习惯等方面的教育。德育即对学生进行政治、思想、道德和心理品质教育，是中小学素质教育的重要组成部分，对青少年学生健康成长和学校工作起着导向、动力、保证作用。

（二）德育教育的概念

德育教育就是教师有目的地培养学生品德的活动，对于德育范畴的具体理解与界定从不同的角度往往可以得出不同的结论。不同的德育定义是不同德育观的反映，对德育实践也会产生不同的影响。对德育概念具体理解的不同之处主要集中在两个方面：一是德育的内容主要包括哪些；二是如何理解德育过程。这里主要依托《高中化学课程标准》在课程目标中对"情感态度与价值观"的设置，来进行研究如何对高中生的心智进行启迪。

（三）德育的实施原则

德育是为了让学生激发学习的兴趣，在学习中体验生活的美好和生命的意义。德育教育的实施需遵循学生的心理发展轨迹，不能简单粗暴地生搬硬套，需遵循一定的实施原则。

1. 目标分解原则

德育教育不可能仅仅凭借一节或者几节课就能达到效果，靠集中课时即使达到了效果也不可能维持长效。高中生的情绪体验是不稳定的，不具备长效性，德育教育要根据教学实际，遵循学生的心理特点，树立长期的、连贯的观点，根据学科的特点构思总体的框架和教育层次使德育教育贯穿于整个教学体系之中，把德育目标落实到知识内容的教学里，并持之以恒地予以实施。

2. 有机融入原则

德育教育不应当是简单的说教。高中生正处于青春叛逆期，对于呆板、机械的说教会产生抵触心理。德育教育应当是"润物细无声"式的教学，根据学科内容找准契机有机融入，注重学生的感知能力和情感体验才会起到作用。

3. 简明通俗原则

德育教育要注意学生的知识获取能力有限，如果将德育教育内容设置得过于隐晦，学生会无法察觉教育者的教学目的。德育教育的目标要符合学生的年龄层次、心智水平，德育过程要通俗易懂，不能过于深奥，使学生难于领会。

4. 潜移默化原则

高中生有一定的评价能力，也具有将自己欣赏的事物转化自己行为的动机。每一个德育工作者角色定位不仅要言传，更要身教，要用自己严谨的工作态度、崇高的爱国热情、良好的职业道德感染学生，在潜移默化中对学生产生教育的作用。

（四）实施德育的方法

1. 榜样教育法

榜样的力量是无穷的，它用具体生动和崇高的形象来教育学生，易被学生领会、接受和模仿。古今中外著名的学者、仁人志士很多都是德育工作者的素材，而且选择时不仅要用年代较远的榜样教育学生，也应随时收集家乡附近的先进人物事迹，这同样能使学生容易于接受。另外，也可讲述学生当中的榜样，同学之间互相学习，同样富有教育意义。

2. 灌输教育法

在摆事实、讲道理的前提下，以理服人，使学生心悦诚服，从而提高他们的道德认识，启发他们的自觉性。灌输是一种较好的教学方法，进行德育教育时灌输的具体做法通过板报、讲座、集会、报告等。

3. 情景教育法

根据德育的教育教学内容，创设适宜的学习情境，从而使学生的情感受到感染，在情感上产生共鸣，在思想认识上达成共识，加深对道德观念的理解，达到知行统一的目的。具体做法有观看影视作品、实物、挂图等。

二、高中化学与德育的联系

（一）化学与德育

1. 化学学科特点

化学是在原子、分子水平上研究物质的组成、结构一门基础自然科学，其特征是研究分子和创造分子。化学已成为生命科学、材料科学、环境科学、能源科学、领域的重要基础，它在解决人类社会发展过程中面临的有关问题、提高人类的生活质量、促使人与自然和谐相处等方面发挥着重要的作用。化学学科正是因为涉及面广，学科知识较为琐碎，所以有学生将它誉为"理科中的文科"，但正是因为与多学科交叉才更体现出它的基础学科的重要特征。因此，德育教育不能忽视化学学科这一阵地，而且在化学教学中必须要重视德育教育。

2. 高中化学学科特点

相较于初中化学的学科内容，高中化学在知识层面上体现了以下几个特点：（1）知识由"形象"到"抽象"。在初中阶段，学习的都是一些具体的反应，而高中阶段的学习除了有具体的化学反应外，还有学生们大量无法感知的理论性知识，如勒夏特列原理、阿伏伽德罗定律等。（2）知识由"现象"到"本质"。进入了高中学习阶段，化学学科的课程设置不再单纯地局限于"结论式"的知识学习，而是更多地需要探究其内部的深层次原因即事物的本质。

3. 德育促进化学教学

德育教育的实施可以净化学生的心灵，端正学习态度，提高学习的积极性。在化学学科中融入德育教育有助于学生坚定学习化学的信念，正确运用化学知识改善、解决生产、生活中遇到的问题，也有助于学生树立可持续发展的理念，激发学习的热情，还可以通过学生的爱国情操鼓励其了解我国现阶段化学工业的发展现状，树立为国家强大而努力学习的意识和责任感。

4. 化学教学在德育中发挥重要作用

化学学科是一门重要的基础学科，蕴含着丰富的德育内容，化学课程标准指出：结合教学内容对学生进行思想品德教育是化学教学的一项重要任务，它对促进学生全面发展具有重要意义。只要深入挖掘德育因素、有机整合，时刻注意在教育教学的各环节中融入德育理念，让每个学生都参与到教学的过程中，不仅可以提高学生的科学素养，还可以形成正确、健康的世界观、价值观和人生观。

（二）高中化学课程与德育

1. 化学课程标准中的德育内容

在《普通高中化学课程标准（试行）》中，无论是课程理念还是教学目标都强调要在化学教学中融入德育理念，将学生德育教育视为重要的教学内容。

2. 化学教科书中的德育内容

高中化学必修一、必修二是在学生结束了初中简单化学知识学习后面向全体高中学生的基础教材，在内容设置上包含：化学实验、化学反应类型、金属及其化合物、非金属及其化合物、物质结构、元素周期律、化学反应与能量、有机化合物、化学与可持续发展等内容。其中，涉及德育教育的内容有：通过学习化学研究对象，知道当前化学发展的基本特征和未来化学的发展趋势；通过化学实验的学习，规范实验操作的行为并树立安全意识；通过对化学反应类型的辨析，学会运用辩证的方法解决问题；通过金属及其化合物、非金属化合物知识的学习，了解化学对提高人类生活质量和促进社会进步的重要作用；通过掌握物质结构、元素周期律的知识，能了解物质、结构、性质之间的联系，培养学生勤于思考，透过现象看本质的能力；通过对能量及可持续发展内容的学习，培养学生实事求是客观看待事物的态度、树立保护环境的意识以及热爱家乡报效祖国的责任感和使命感。

三、高中化学实施德育教育的策略

（一）以人为本，关注内在德育需要

在高中化学教学中实施德育教育，首先就要以人为本关注学生内在的德育需要。要让德育教育回归生活，帮助学生学会做人，要在实施德育教育的过程中突出学生的主体地位。每一个学生都有得到尊重、寻求成长、获得认可、体验成功、自我发展、展现价值的需求。

在化学教学中，要让学生具有良好的自主体验。重视学生的亲历过程，让学生的眼、耳、手、口、脑都动起来，全方位地参与到学习活动过程中，在真切感受和深刻理解的基础上对事物产生特定的情感。通过德育教育实现学生自身的道德需要与愿望，并从中体验到某种满足、快乐、幸福，获得一种精神上的享受与愉悦；使学生学会用道德的方式体验生活、感悟生活、享用生活、创造生活，获得自我肯定、自我升华的满足，这也是德育教育的终极追求。

（二）创设情境并营造积极德育氛围

教师要善于在化学教学中营造创设德育教育的具体情景或氛围，有景、有情，由此激发、唤醒学生的情感、态度与价值观，进而形成良好的道德

品格。

联系实际、贴近学生日常生活的那些情景最能触动学生心灵，引起强烈的情感共鸣。在化学教学中，教师要根据与现实生活密切相关的生动、具体的事例来创设德育情境。例如，广泛利用学校、家庭、自然、社会、网络中的各种资源来营造德育教育的史实情境、故事情境、生活情境、实验情境、生产情境、文学情境、美学情境等，使学生在此基础上掌握知识，发展能力，形成感情并生成意义；日常生活中与所学内容相关的事件和经验，能使学生感受到化学提高人类生活质量和促进社会发展的积极作用；还要关注与化学有关的环境、社会和生活问题，能对其作出合理的判断，逐步形成可持续发展的思想等。

（三）深入挖掘德育素材

教师要想在高中化学教学中有效地实施德育教育，就必须对自己所能够搜集到的各种资源进行深入、系统地挖掘，从中找到化学教学与德育教育的结合点，并将其付诸实施。德育教育正如一粒种子，必须有其合适的土壤才能有所收获。只要是在学校情境中，只要有教师和学生的接触机会，德育教育便无处不在。可以研究化学教材中的德育素材，教学过程中师生互动、学生间互动的德育素材，练习、试题、作业之中的德育素材，课堂之外教师与学生单独交流时的德育素材。比如，课前可以在备课过程中发掘德育素材，以适当的形式和内容进行品德培养；在课堂教学中融入德育教育；在课外活动中深化德育效果。教师还要主动地扩大知识面、积极地了解交叉学科、充分利用如图书、期刊、网络等资源寻找化学教学中的德育因素。

（四）注重学生之间的合作

学生个体的道德品格是在群体互动中形成的，个体间具有相互影响、相互感染的特性，在一定的学习情境中，他人的情绪和情感体验会对其中的个体产生影响。教师在教学过程中，要为学生的自主、合作、探究式学习提供平台和空间。

在合作学习中，学生之间是合作伙伴关系，共同参与讨论和学习。每个人都承担一定的责任，小组最终的成功依赖于每个人的努力，彼此之间是一种患难与共的关系。合作讨论更能为学生提供展示观点和体会的机会，在更加广阔的情景中进行交流，最大限度地实现了心与心的沟通与交融。学生感受到被他人接受、信任和认同，能够增强他们的自我意识，同时彼此的相互映照与渲染也可使学生在思想和观念上产生新的冲击，以情激景，使他们的情感体验得到进一步升华。这样，学生就能体验到同小组成员合作的重要性，培养了学生的参与意识、合作精神，使其获得了情感上的发展和人格上的升华。

（五）善于抓住德育时机

在化学教学中实施德育教育，把握好德育的有利时机，进行适时、适当、适量的教育，不仅能使德育教育事半功倍，还能显著提高课堂教学效果。

第一，要抓住学生的关注点。当学生对某事或某物特别关注时，会激发出极高的热情，在情感和思想上都会产生兴奋点，这是德育教育的好时机。

第二，要融入学生的情感线。教师对化学学科的情感、对学生的情感，直接影响着德育实效。学生的感情比较细腻和丰富，如果学生在课堂中始终能感受到化学世界奇妙的魅力，以及不断探求化学科学的求知精神，学生将会不由自主地全身心投入到化学的学习中。

第三，要尊重学生的差异性。高中生喜欢追求个性，喜欢别出心裁、与众不同。不要以唯一的标准衡量学生，要关注学生的差异，找到每个人的优点和特长，采取适当的德育方法，找到最适合的德育时机。

（六）灵活适度把握德育方法

在高中化学教学中实施德育教育，要注意德育方法的灵活性，切不可生搬硬套，教条死板，要掌握好度。既要把握好德育内容的度，也要把握好讲授时间的度。既防过，也要防不及。在备课时应把课堂的重点确立在教学内容上，教学中实施德育力求达到潜移默化、不着痕迹、水到渠成的效果，而不是大篇幅的故意为之。要把握好德育教育切入的时机和火候，不失时机地、有分寸地触及学生心灵的敏感角落，使德育和智育之间连续而无痕地平滑过渡，让学生在汲取知识营养的同时，不经意间也受到了德育教育，做到德育和智育的有机结合。

（七）提升教师自身的德育能力

教师是化学教学中实施德育的主体，教师的德育理念、人格修养和学生观等德育能力是影响教师实施德育教育的主要因素，这就对教师提出了较高的要求。

1. 更新德育理念

教师要树立以人为本的德育理念，只有融入对教育的无限热爱和对人性的深刻理解和尊重，才能在对学生进行德育教育时将其充分体现出来。教师要提高自身哲学思辨能力，结合化学学科的特点，在教学过程中加深对人生、对生命的理解和感悟。教师不仅对学生进行了德育教育，也对自己的品行修养进行了改善和提升。

2. 提高自我修养

教师是化学教学中实施德育教育的主要力量，教师的素养如何，直接关系到德育教育的实施与效果。教师本身就是德育的教材，教师的言谈举止、处事方法、人格品性，都会给学生以潜移默化的影响。只有教师处处以身作则、亲身示范，学生才会在教师的示范下形成良好的道德品格。

3. 搭建平台，构建和谐关系

师生双方都是平等、真实、完整的个体，在直觉与感觉、情感与理性、知识和经验、思想与行动的相互交往和理解中获得了沟通和共享。师生之间的情感交流是相互的关怀、爱护、尊重、信任，只有师生双方情感融洽，思想才会产生交流和认同。在师生情感产生共鸣时，受教育者的可塑性最大，接受性最强。教师要发自内心的理解、尊重和关爱学生，构建起共享的和谐关系，共享精神、知识、智慧、意志等，为学生的健康成长搭建广阔的平台。

4. 善于反思与总结

在化学教学中有效实施德育教育，要求教师不断提高自身的德育能力，这需要教师经常向专家、同事学习，在实际教学中不断积累和发现适合的德育方法，寻求适合自身特点和学生特点的德育素材和德育时机，不断创新教学方法，通过总结与反思，形成属于自己的德育能力和德育风格。

第三节　高中化学教育与培养学生创新意识结合

一、培养学生创新意识的背景与重要性

（一）培养学生创新意识的必要性

第一，创新意识是决定一个国家和民族创新能力最直接的精神力量。在当今时代，创新能力是一个国家和民族发展能力的代名词，是一个国家解决自身发展问题和自身生存问题能力大小的关键。尤其对于青年人，面对激烈的竞争，更要敢于开拓思维，勇于创新。青年人是国家和民族未来的希望，青年人的思维停滞不前，对国家和民族的发展是极为不利的，培养青年人的创新意识是今天尤为重要的任务之一。

第二，创新意识促进社会多种因素的变化，推动社会的全面发展。创新意识是在社会生产方式的基础之上建立的，它的形成与发展，会进一步促进社会生产方式的进步，以此带动经济的快速发展，从而推动上层建筑的发展。创新意识是进一步推动思想解放，帮助人们发展意识、领先意识的先进理念。创新意识会促进社会走向一个更民主、更宽容的发展方向，它是创新和发展社会的基本条件，而这些条件又促进创新意识的发展。

第三，创新意识促进人才素质结构的变化，提高人的本质力量。创新的本质建立了一个新的人才标准，它代表了人才素质变化的性质和方向的输出，是一种重要的信息。社会需要充满生机与活力，以及具有开拓精神的人，具有一些拥有新的道德素质和科学文化素质的人。它客观地指导人的发展目标，提高自身素质，使人的本质力量保持在较高的水平。它刺激了人的主体性、主动性、创造性的发挥，使其自身的内涵大大丰富和拓展。

（二）培养学生创新意识的背景

在农业经济时代，社会发展和进步主要依靠劳动力，特别是有劳动能力的人。在工业经济时代，不仅要求有一般的劳动力，还要有掌握技术的人。如今知识和创新是时代的特征，这个时代，社会发展和进步需要的是数以千

万计的高素质的人，这些人明显地表现为知识广博与高心理素质的结合，突出地表现为具有独特的创新精神和创造力。伟大的创新是怎样产生的？当在脑子里思考这个问题的时候，想到的可能是爱因斯坦、爱迪生或者是另外的一些著名发明家。可能60%的人否定自己有创新的能力，20%的人怀疑自己有创新能力，只有20%的人相信自己有创新能力。事实上，这个世界上真正伟大的创新者都出自像我们一样的普通人。创新和创造不是等同的概念，我们研究创新，学习创新方法，有必要弄清它们之间的不同之处。创造和创新最明显的区别是，创造和创新都具有首创性、新颖性，但创新的"新"不仅指前所未有，还含有新事物的意义，必须对人类社会有益，具有价值性、进步性。创新更注重强调人类文化进步的一面，而创造却不一定。在高中化学教学的过程中，教师不仅仅是传播化学知识的园丁，更要培养学生的学习自信心，激发学生的创新潜能，让学生相信自己可以学好化学，用好化学。如果学生不能挖掘自身的创新意识，他们的创新能力就永远得不到利用，也就只能随着时间的消逝而消失了。

（三）培养学生创新意识的意义

人类生命的本质在于创新，人类未来的希望也在于创新。在21世纪这个知识经济时代，创新的能力是国际竞争成败的关键，是经济与社会发展的根本动力和决定性因素。对于一个人来说，如果失去创新能力，他的一生将一事无成。对于一个民族或国家来说更是如此。创新是人人都具有的能力，只要掌握创新思维的方法，就能达到创新的目的。从生理方面来看，人的意识是有另一个信号系统的功能，它是先进的神经系统发展的表现，是在劳动的基础上产生的共同语言。意识不仅是大自然的产物，是社会的产物。在哲学上，意识和思维是同一类的、同一意义的概念，都是人脑对客观现实的反映，在这个意义上，它们可以通用。但"意识"一词的范围较广，包括认识的感性阶段和理性阶段，而"思维"则仅指认识的理性阶段。"意识"这一概念，在很多场合都被使用，但它在不同的场合，含义全然不同。"意识"应用于"创新""信息""科学"等场合，其含义是指它的能动性的一面。它是一些客观存在所引出的思想，这个思想指导人的行动，使行动具有目的性、方向性和预见性。我们所说的"创新意识"就是根据客观需要而产生的强烈的、不安于现状，执意于创造、创新的动力，这种"动力"是指心理上的一种内在驱动力、推动力。科学技术的创造、创新的动力就是驱使人去追求发明、发现的强烈愿望，或者较强大的推动力量。这种力量的来源，首先是一种渴望认识世界的激情。那么激情是什么？激情是一种强烈的情感表现形态，是主动的，具有迅猛、难以抑制的特点。人在这种激情的作用下，能爆发出无穷的力量，一心扑在研究工作中，可以几天几夜不睡觉也能做到精神十足。人在激情的支配下，常能调动身心的巨大潜力，使之出现超乎寻常人的状态。

创新意识不仅仅是只受过高等教育的人应该具备的，处在各个不同层次的人都要培养这种素质，尤其对于高中生，他们处在知识结构发展的最好阶段，这个阶段的人生是培养创新意识的最好阶段，因为创新意识能给他们都带来机遇和成功。

二、化学教学中限制学生创新意识的因素

（一）中国传统教育方式

在传统的教学过程当中，教育模式是造成学生问题意识淡薄的两个主要因素：一是教师可以完全利用教材中的给定知识为学生授课。教科书作为权威，认为教科书是毫无疑问的绝对真理，学生不敢质疑，从而使学生迷信书本，不敢大胆怀疑和猜测，在很大程度上限制了学生的问题意识。学生没有问题，就不会主动思考，无法达到培养学生创新意识的目的。二是在应试教育背景下，教师在教学过程中的思维过程分析；只重视学习的结果。教师在授课的时候对解决问题的过程不重视，只重视标准答案，这样阻碍了学生的思维发散。学生发散思维得不到充分发展，探究精神就得不到培养，问题意识被弃于教与学的过程之外，学生在解题过程中生搬硬套，学生的问题意识自然也就得不到很好的发展，这也导致学生无法打开思维，遏制了学生的创新意识。

（二）学生思维惰性

学生在学习过程中被动的学习，仅仅依靠教师在课堂上的知识单向传授，不习惯于通过自己的实践与探索来发现新知识，不能很好地利用批判性的思

维，缺乏敢于创新的精神，因此学生在心理、思维、意志上产生了惰性。加之学生年龄小、社会经验不足、知识基础薄弱、知识结构不完善，影响了他们问题意识的产生，阻碍了他们创新意识的发展。惰性思维是影响学生前进的绊脚石，这直接导致学生只是被动地适应和学习，缺乏问题意识，也没有创新能力。

（三）学生的信息量及处理

教育理论研究证明，创造力与信息量之间存在某种关系。创造力可以在最小的信息前提下产生，也可以在相对完善的条件下产生。高中生处在身心发展阶段，尽管他们的信息内容比较少，并不可能实现最高形式的创造力，但可能产生一个强烈的问题意识。由于学生基础知识难以形成合理的系统化、结构化，使信息停在一个混沌状态，从不同角度，不同层面难以形成一个明确的问题。目前学生的问题意识薄弱，缺乏问题意识，信息的障碍分析，原因有三：一是课程的原因，长期以来，我国化学课程是以学科为中心，学生综合运用知识的能力较差，影响了学生的思维模式和问题意识农产品；二是教材结构的原因，化学材料通常是按"章、篇"处理的系统知识，不利于知识的综合应用和有效迁移；三是教学和学习的原因，我们在传统课堂教学中，信息的传递，使学生的认知更多地依靠熟悉机械传动，这是造成学生问题意识差异的主要原因。

（四）教师权威

教师权威影响学生人格的形成和文化知识的分享。教师权威主要反映在课堂上，它表现在教师权威是真理的化身，它使学生逐渐失去了挑战权威的勇气和思维的多向发散。教师设计了一个严谨的教学框架和教学流程。教师在课堂上一般不允许学生怀疑和反对，老师的启发诱导，在某种程度上也是一种权威，老师常常解答问题是唯一的，已经让学生奠定了良好的思想，学生没有足够的自主参与权利，没有足够的教学内容选择机会，他们只是在倾听教师的问题，是对教师权威的服从，这对学生问题意识的产生有负面影响。

四个方面的障碍，是学生创新意识不能很好形成的原因所在。如何跨越这四方面的障碍，对培养学生的创新意识是至关重要的。

三、化学教育培养学生创新意识的实施策略

（一）激发学生的内在驱动力

心理学的知识表明：人们有意义的活动总是由一定的动机引起的。学习动机是直接推动生物活动，满足个人需求的内部动力，是行为的直接原因和内部动力。学习动机拥有两个基本因素：内在驱动力和诱发因素。内在驱动力是指在有机体需要的基础上产生的一种内部推动力，是一种内部刺激。如果学生的学习只能依靠外部力量强迫命令，但没有内在的力量，这是很难持久的。所以，激发学生的学习主动性，激发内在动机的内驱力是非常重要的。

1. 学生的学习动机

学生的学习动机，需要学生的积极性。学生的学习和发展，实际上是心理需要的调动，从而形成心理上的需求和满足自己目标的过程。学生的学习需要从根本上说，是社会生活环境和教育要求在头脑中的反映。不同的社会，不同的教育对学生的不同要求，体现在学生的学习需求是不同的。学生的需求总是产生一定的条件，包括主观条件、客观条件。因此，学习动机是受一定的主观和客观因素控制的。从客观条件上看，包括家庭教育、学校教育和社会环境等。家庭教育对学生的学习动机的形成起着重要作用，年轻时这种影响更为明显。父母对孩子的要求影响孩子的学习动机，也是影响动机的强度之一，而父母对自己的行为要求，也影响着孩子们，这是一种潜移默化的影响。因此，父母的教育水平和家庭教育的能力是很重要的。学校教育的目的是有计划地对学生施加影响的过程。尤其是中小学教育对学生的学习动机的形成、发展和发挥起到了主导作用。社会的影响是相当广泛和复杂的，在特定的社会氛围当中，学习动机的形成起着决定性的作用。从主观因素来看，影响学习动机的因素包括学生的年龄等几个方面。在不同的年龄阶段，学生的学习动机是不相同的。总的趋势是随着年龄和阅历的增长，世界观逐步形成，相应的动机和社会的需求越来越大，逐渐成为主导学生学习的动机。其次是学生的兴趣爱好培养，它是激发学生学习的主要因素，激发学生的学习兴趣是随着年龄的增长而变化的。最后是学生的意志品质和期望水平。良好的意志品质和较高水平的愿望，有利于学习动机的提升。

2. 培养学生主动学习

（1）培养求知兴趣，是激发主动学习动机的前提。"知之者不如好之者，好之者不如乐之者。"早在 2000 年前，孔子就强调学习兴趣的重要性，认为这是调动学习积极性的重要条件。托尔斯泰曾经说成功的教学，这不是强制性的要求，而是激发学生的学习兴趣。兴趣是积极探索事物的认知倾向，稳定的兴趣能使认识过程的整个心理活动积极化，能更敏锐地观察，记忆力得到增强，想象力更丰富，克服困难的意志将得到加强，使智力活动的效能大大提高。"当学习充满乐趣时，才更为有效""兴趣是一种魔力，它可以创造出人间奇迹来""哪里没有兴趣，哪里就没有记忆"，有了兴趣就会主动探寻，深入研究。例如，爱因斯坦 5 岁的时候就对指南针有兴趣，最后成为物理学界泰斗；达尔文从小对动物很感兴趣，这个兴趣引导他进入了生物学界的殿堂并且创立了不朽的进化论。此外，激发和培养学生的学习兴趣，使学生享受学习的乐趣，乐于探究物质变化的奥秘，体验科学探究的艰辛和喜悦，感受化学世界的无穷乐趣，也是新课程高中化学教学任务。所以说，"兴趣是最好的老师"，是学生探求知识的驱动力，是发展学生思维和激发学生主动学习的催化剂，是调动学生学习积极性的一种内在动力。作为一名教师，只要在教学过程的各个环节，有计划地加强主体利益，将引发学生强烈的兴趣，可以取得良好的教学效果。

学生进入高一化学学习，以巩固和提高学生学习化学的信心为出发点，坚持低起点、激发兴趣、附例题等原则开展化学教学，注重使用情况或问题，激发学生的兴趣，参与、讨论、交流、思考，引导学生实现以他们为主体的化学课，使学生学习化学的积极性得到更大的张扬。社会、科学和技术，选择一些与生活、环保、科技、化学史问题有关的现象，应用的共同意识，激发学生的学习兴趣。例如：燃烧的条件（燃烧、缓慢氧化），灭火方法解释"天火""鬼火"等自然现象；"碳氢化合物的衍生物——乙醇，乙醇和乙酸"在生命中的神奇效果；烷烃甲烷沼气在农村地区的使用前景，西气东输，普通化学纤维简单区分；现代工业的支柱——铁、金属材料；病人用药调查、自制酸碱指示剂、除垢、化学成分和合理施肥；胶体和日常生活中许多现象的联系等例子；门捷列夫和元素周期表中的元素、侯氏制碱法；注重广泛收集化学学科的最新成果，结合教学内容，巧妙包装，郑重推出。在教学过程中，根据学科教学的特点，引导学生重视化学知识与经济建设的关系，这样才能有效地激发学生的兴趣。

除此之外，根据化学学科的特点，抓住实验教学是重要的。化学的特点就是以实验为基础，从直观现象归纳出理论规律，并在实践中应用、服务社会。一些学生往往由于对一些抽象的概念、理论很难理解，从而削弱学习化学的兴趣和信心，因此在化学教学中，注重实验教学，搞好实验教学是非常重要的。

首先，做好每一节课的课堂演示实验。课前充分准备，精心设计实验，确保演示实验的成功。在实验过程中，操作规范，一切步骤都要井然有序，让学生仔细观察现象，并且启发学生思考问题，使学生从自然现象看到抽象的本质，从而通过主动动脑轻松地理解和掌握某些抽象的内容。

其次，组织学生做好学生实验。学生实验是学生掌握实验技能的手段，通过学生的实验课可以满足学生的强烈动手欲望，培养学生的动手实践能力和创新能力。学生通过自己的动手，手脑并用，既可以巩固知识，又可以为实现创新提供充分条件与环境。邀请几位学生上台演示实验，其他学生观察台上同学的实验过程，思考为什么是这样的步骤？这样的教学模式，让学生作为课堂的主人翁，积极地融入教学过程当中来，轻松了学生的课堂学习氛围，调动了学生的学习积极性，使学生感觉到课堂欢快的一面，激发学生提出问题、思考问题，打开了学生的思维，潜移默化当中，培养了学生的创新意识。

最后，指导学生做课外小实验。由于新课程标准实验数量有限，教师引导学生做一些课外和家庭小实验。充分利用学校现有的条件，多做实验，使学生的所学知识与实际生活相联系，让学生感到化学学习的用处所在。例如乙酸与碳酸盐的反应，指导学生在家中完成。生活当中食醋的主要成分是乙酸（醋酸），蒸馒头用到的碱面主要成分是碳酸钠，这两种物质是生活中随处可见的。乙酸与碳酸钠反应产生气体，课堂的演示实验是以化学之名义进行的，而学生在生活中做这样的实验，则体现出化学反应的常见性和趣味性。学生通过这样的家庭小实验，可以增强对化学学科的热爱，从而激发学生的探索精神，进一步提升学生观察生活的能力，培养学生的创新意识。

（2）教学中融入化学史教育，激发爱国热情，为形成主动学习的动机提升了有利条件。化学课程改革的根本目标是培养学生的科学素养，为了实现这一目标，教师不仅要传授给学生知识和技能，还要注意教学过程与方法，以及注重对学生情感、态度与价值观的培养。化学史既是认识史，也是方法，对培养学生的科学素养有着特殊的作用。但实际的教学现状并不乐观，许多教师不重视化学史教育，对化学史教育只是停留在口头上。化学界资深人士，在新的化学课程改革中，化学史在化学教学中的作用也被大家所重视。在上海等一线城市考试当中，化学史的相关试题出现在了卷子上，这反映出了高中化学教学当中对化学史的重视程度。关注化学史，了解化学史，可以使学生热爱化学，调动学生学习化学的主动性和积极性。

（3）融洽师生关系，激发学习热情，是主动学习动机的基础。教学是教师教学和学生学习的双边活动，需要学生和教师之间的相互配合。现代教育观念指出，学生是学习的主体，教师只起指导作用。学生要学好化学和掌握知识必须是在教师的指导下自己认真地去学习。多年的教学经验告诉我们，学生对学科的好恶，在很大程度上取决于教师的个人魅力。如果教师很受学生的欢迎，那么他（她）在上课时，学生的学习兴趣就会很高，课堂气氛就会很活跃，学生的学习效率就高。正所谓："亲其师，信其道。"教师的爱和学生对教师的尊重，为学生的心灵窗口点亮了蜡烛。教师在思考如何讲好一堂课的同时，也要思考如何讲才能施展自身的魅力，才能让学生喜欢自己，让学生喜欢自己所教的学科。如果师生之间的关系紧张，那么对于培养学生主动学习就是极为不利的，对培养学生的创新意识也是十分艰难的。

（二）激发学习兴趣，培养创新精神

教师不仅仅要充分准备课程内容，同时要求教师在教学的过程中，要激发学生的学习兴趣，让学生享受学习的乐趣，提高学生的创新精神和有效的方法。在教学中对学生心理特点以及认知的理解，结合化学学科的特点，巧设悬念，激发学生的学习兴趣，使学生产生强烈的求知欲。在教学过程当中，教师充分认识到接受的主体是学生，授人以鱼不如授人以渔。如果想要更好地调动学生发挥主体作用，教学中教师应当做到有序、有计划地对每一名学生进行学习方法指导和自主学习能力指导，在指导学生学习过程当中，培养学生对化学这门学科的兴趣，使学生通过反复实践，在熟练的学习过程中寻求创新，从而实现自己的学习成果，进而实现由学会达到会学，最终增强学生的创新能力。

（三）引导学生掌握正确的学习方法

在教学过程中让学生掌握科学方法、创新方法是不可或缺的任务。教师在教学过程当中，应强调发现知识的过程，创造性地解决问题，而不是简单地介绍结果。在这方面，学习知识不再是唯一的目的，同时也是对科学本质的理解，培养思维能力，掌握科学的方法。创新思维的重要特征是至关重要的，批判的关键不是盲目从众，坚持自己的独立思考，拒绝复制化的思考。

创新应该从怀疑开始，怀疑就是学生对问题的思考，这个是至关重要的。发散思维，是多角度、多方面的思维模式。传统的教学方法有些能够抑制或杀死学生创造性思维，如教学时间和空间"容器"式的风格，使教师和学生缺乏个人选择与自由的统一的学习方法。统一的学习方法抹杀了学生的思维特点，标准答案不让学生尝试错误，更加不允许批判性思维和发散思维，过分依赖演绎教学法使学生不能跳出教科书和教师的手。因此，在创新教学中要适当调整教材结构和体系，加强创新思维方法和技巧的训练。比如，在化学教学中可以对实验装置运用缺点列举法、特性列举法等创新技法进行改进，设置一些开放性问题，运用大脑风暴法、力行法等创新思维方法进行解决等。

作为一门实验学科，使学生掌握化学实验室内基本仪器的使用方法和基本的化学实验操作是必不可少的，如何将这些枯燥的内容变得生动？如何让课堂气氛活跃？任课教师通过采取小组讨论学习，一方面将学生置于课堂主人翁的地位，一方面开启学生的思维，教师作为问题的补充说明者，使学生掌握正确的解决办法，在新颖的思维模式下，培养学生良好的学习方法和学习习惯，侧面激发和培养学生的创新思维和创新意识。

（四）创设良好的授课环境

创新课堂教学，教师应努力创设一种"以人为本""以学生为中心"的课堂环境，营造一个有利于发展创新教学的课堂气氛。

创新教学特点之一是问题性。学生对问题的产生和困惑，以及寻求问题、解决办法的渴望是创新教育的前提。教师要创造性地设置问题情境，营造一种让学生发现问题、思考问题、讨论问题、解决问题的氛围。在教师的指导下，学生通过观察、思考、讨论，自主发现问题，抓住问题的本质，从不同方面，以不同的思维方式，探索多种多样的解决途径。比如在讲物质的量这一概念时，学生对纯理论的概念模糊不清，这就要求教师在介绍这个知识点时，推陈出新，同时要让学生敢于提出自己的疑惑。以学生主动问、教师特色答的方式，改变传统教学中课堂知识灌输的方式。

创新教学特点之二是探究性。传统的教学活动以"告诉"的方式让学生"分享"人类已有的知识和经验，学生被动地接受知识。教学过程的改革是教师和学生共同探索知识。教师与学生积极地进行双向通信，各抒己见，认真听取对方针对问题的理解、观点和看法，阐明各种意见、看法的原因和理由，平等、公平地讨论，验证各自不同的观点和看法，要让学生在探究的氛围中发现问题、思考问题、解决问题，总结规律。如在钠与钠的化合物教学中，碳酸钠和碳酸氢钠的对比学习，教师通过引用典型例题，在课堂上与学生共同探究，鼓励学生发表自己的意见，通过验证彼此的观点，达到知识传输的目的。这样的探究式学习也可以提升学生的创新性意识。

创新教学特点之三是个性化。没有个性，就没有特点，就没有创新。学校的教育需要关注的重要问题是要让我们的学生形成良好的学习方式。创新课堂教学中，营造个性的自由发展空间和轻松的学习气氛是很重要的，让学生充分发挥特长优势，使学生摆脱由于错误观点的冷嘲热讽，而不敢张扬个性的这种困惑，淘汰落后的学生在学习中的"恐惧"，让每个学生体验到学习的快乐，享受成功的喜悦。如在高中化学教学中把验证性学生实验改为创新性学生实验后，自然地创设了师生平等交流、探究问题的创新学习氛围，另外讨论开放性实验、设计实验方案等都是营造创新氛围的好方法。

（五）培养学生主动学习的习惯

要将兴趣持久，就要"习惯成自然"，使学生在课堂上都能积极地学习化学，同时在课外巩固知识，完成工作，不忘在生活中收集化学领域的知识，观察生活中化学方面的现象，从而辅助性地提高化学学习的兴趣，养成主动学习化学的习惯。

良好的学习习惯不是在短短的时间内培养形成的，而是数月或数年养成的。这种习惯一旦坚持下来，就会形成永远的习性，可以让学生终身受益。因此帮助学生养成良好的学习习惯，使他们更积极地学习是特别重要的。主动学习的习惯主要体现在：除认真完成老师布置的作业外，还能主动增加预览内容，会使用工具书去解答问题，以独立思考掌握的基本知识为基础，进而提出更多的问题。课堂上可以积极展示学习成果，经常主动请教老师和同学，虚心接受别人的意见和建议，与他人合作，在合作中积极提出自己的意见和建议。在操作时，能够独立完成，积极改正错误。复习的时候能够积极地自我检查，查漏补缺，评价反思等。为了使学生积极倾听，积极思考，学习如何学习，这种学习习惯必须在教室培养，使学生有效地把耳朵、眼睛、大脑运转起来，并充分利用。传授科学的学习方法，养成良好的学习习惯，培养他们的自主学习和思维能力，只有这样才能使学生真正喜欢学习，主动学习，并养成良好的学习习惯。

1. 坚持听

让学生听，注意听，抓住关键。不仅要认真听教师的讲授，听同学的观点，还要听大家认为存在哪些问题。通过这样的听，使学生避免"走私"，久而久之，使学生认真地听课，认真地做笔记以及认真地做课堂上的每一件事情。

2. 坚持看

主要是培养学生的实验观察能力和注重实验现象的习惯。让所有学生通过自己看，自己观察，发现知识，掌握知识。教师在实验教学中尽量少讲解或不讲解，让学生自己认真地观察，为学生提供足够的时间和空间。在化学教学中的观察，当然，实验现象是准确的、生动的，这些可以激发学生的学习兴趣的。教师带领学生观察、为学生观察提供提示，让学生通过观察，比较判断。

3. 坚持想

给学生足够的头脑思考时间，让学生有机会使用他们的大脑思考问题。除了老师的启示，使每一名学生都"想"起来，促使他们动脑，使学生认真对待老师的问题，每个人都进行大脑的思考。经过思考，在头脑中形成自己独特的东西，为己所用。

4. 坚持说

尽量让学生在课堂上发言，这样能促进学生的思考。沉默会使一个学生失去自信，从而导致思维不开阔，缺乏创新意识。学生敢于在课堂上说话，就会促进他们认真思考，认真倾听，仔细观察。抓住了会说就能促进其他三会，因此，必须重视学生课堂讲话能力培养的教学。

通过上述"四个坚持"，使学生形成良好的习惯，主动学习，这会影响他们在课堂或课外活动的主动参与性。同时，培养学生掌握"四个坚持"会影响学生的思维方式，从生搬硬套变为活学活用，从而进一步激发学生的学习兴趣，提高学生课堂主人翁的地位，对培养学生的创新意识有很好的推动作用。

第八章

育人目标在教学中的有效融入

本章主要介绍了育人目标在教学中的影响，分别展开讲述了高中化学育人价值体系的建构、化学育人价值的内容体系、化学育人的价值实现。

第一节　高中化学育人价值体系的建构

一、初步建构化学育人价值体系

建立一个全面的学科普及价值体系，应从三个方面着手：世界观、思维方式和行为方式。因此，以世界观、思维方式和行为方式三个价值维度为基础，深入探讨了化学学科的独特性，并结合实际情况，构建了一套完整的中学化学普及教育价值体系，其中包括物质观、宏观－微观思维、理性分析等多个重要的价值内容，为学生提供了一个全面的学习环境，以及一个有效的学习方法，以提高学生的学习效果。

"物质观"与"变化观"的世界观有着显著的差异，而"化学是一门研究物质及其变化的学科"就更加突出了这种差异。化学是一门探索物质和它们的变化的学科，所有的理论都致力于揭示这些现象的本质。世界上的一切都是有形的，而且它们在不断地发生着改变。因此，掌握一门关于物质与其运动规律的科学知识，是建立一种健康的、全面的科学世界观的必要条件。化学课程旨在帮助学生建立起对事物的客观认知，培养他们的全局视野，以更好地理解自然规律，这也是化学作为一门教育课程的重要价值所在。

"宏观－微观思维""模型思维""系统思维""辩证思维"的建构源于"化学从微观层次认识宏观事物""化学学科具有一套独特的表征系统""化学学科从系统的视角把握研究对象"和"化学学科关注研究对象的一般性以及特殊性"的四个特征。这些都为化学学科提供了重要的指导，它们强调了研究对象的普遍性和特殊性，为学科的发展提供了强有力的支撑，使其能够更好地发挥其独特的优势。宏观－微观思维是化学领域中一个重要的理论框架，它可以帮助我们更深入地探索物质的本质，以及它们如何在不同的环境中发生变化。从宏观和微观的视角来看待问题，不仅能够帮助我们更好地理解它们的本质，也能够让我们更好地掌握化学知识。

通过应用模型思维，我们可以更深入地洞察化学领域的方法论。化学学科以微观的视角来探索物质的本质，因为无法直接观察到它的变化。因此，人们需要借助多种模型来描述它，如利用化学方程式来描述物质的运动规律、利用原子和分子的结构来描述它的内部组成以及它的性质。通过使用模型思维，我们可以更加清晰、精确、深入地理解事物的核心概念，这也是我们每个人必须努力学习并不断进步的一种思考方式。

系统思维可以帮助我们更好地理解世界，它涉及内部元素、外部环境、生命体、社会结构，它们之间的关联性、协调性、交互性，使我们能够更好地把握这个复杂的宇宙。物质的变化是一个复杂的过程，它受多种因素的影响，并且可能会出现多种不同的结果。因此，需要运用系统思维来深入了解这些变化，以便找出最佳的解释。因此，利用化学课程来培养学生的系统性思考能力显得尤为重要。

通过辩证思维，可以从客观的角度深入理解并准确地捕捉到事物发展的本质及其规律。化学是一门综合性的学科，它既关注研究对象的普遍规律，也关注它的特殊性。因此，许多化学问题都需要通过辩证思维来理解和解释。不仅如此，许多日常生活中的现象都具有辩证的特征，因此，应该运用辩证法来全面把握它们的内涵。通过学习化学，可以帮助学生培养辩证思维的能力，让他们能够从客观的角度看待事物，并将其中的矛盾与统一、联系与发展相结合。

最后，就行为方式而言，"理性分析""科学解决"的建构假设大多来自"化学学科研究具有经验性特征""绿色生活"，而建构假设来自"化学学科研究内容牵涉更多人文性"。通过对化学学科的研究，发现了两种重要的实践活动：理论推断和实际应用。这两种活动都影响着我们在日常生活中的行为，并被总结成"理性分析""科学解决"。"绿色生活"致力于探索化学领域的多种可能性，以及它们如何影响人类的健康和生存环境，并为公众提供一个可持续发展的平台，以帮助他们更好地实现科学健康和低碳环保的目标。"理性分析""科学解决""绿色生活"的研究可以为我们提供一个更深入的视角，以便更好地理解化学学科如何影响学生的行为习惯。

二、调整并完善化学育人价值体系

化学教育价值体系建设应该划分成"物质观""变化观""宏观－微观思维""模型思维""系统思维""辩证思维""理性分析""科学解决""绿色生活"九个大类。随后，将深入探讨特定价值内容中的关键要素，如图 8-1-1 所示。

经过深入反思，对"行为方式"中的价值内容及要素进行了全面的改进，以提升"科学行动"的价值水平：第一，将"迁移解决""科学探究""求异创新"中的三个价值要素进行了整合，分别归纳为"迁移创新"和"科学探究"，以减少内容的重复和混淆；第二，"理性分析"被替换为"理性决策"，因为"理性分析"和"行为方式"在表达方式上有一定的相似之处，但也存在一定的差异，而"理性决策"则更能准确地反映出行为方式的表达；第三，将"科学解决"改为"科学行动"。"科学解决"与"理性决策"存在着鲜明的对比，而"科学行动"则把这种对比放在了极其重要的位置，从而使其中的差异更为凸显。经过对内容及其要素的全面改进和优化，最终建立了一个完整的中学化学普通育人价值体系，其结构如图 8-1-2 所示。

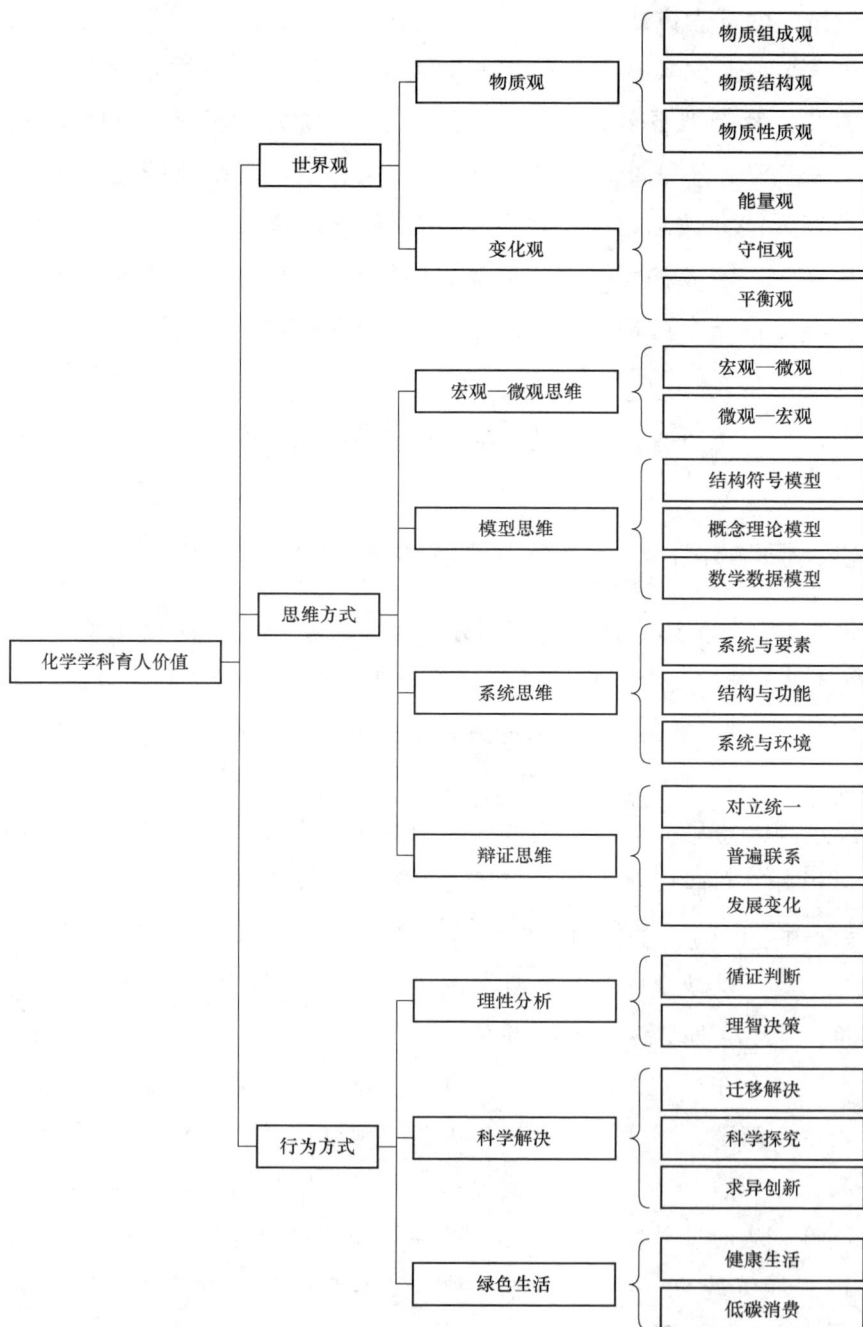

图 8-1-1　化学育人价值体系

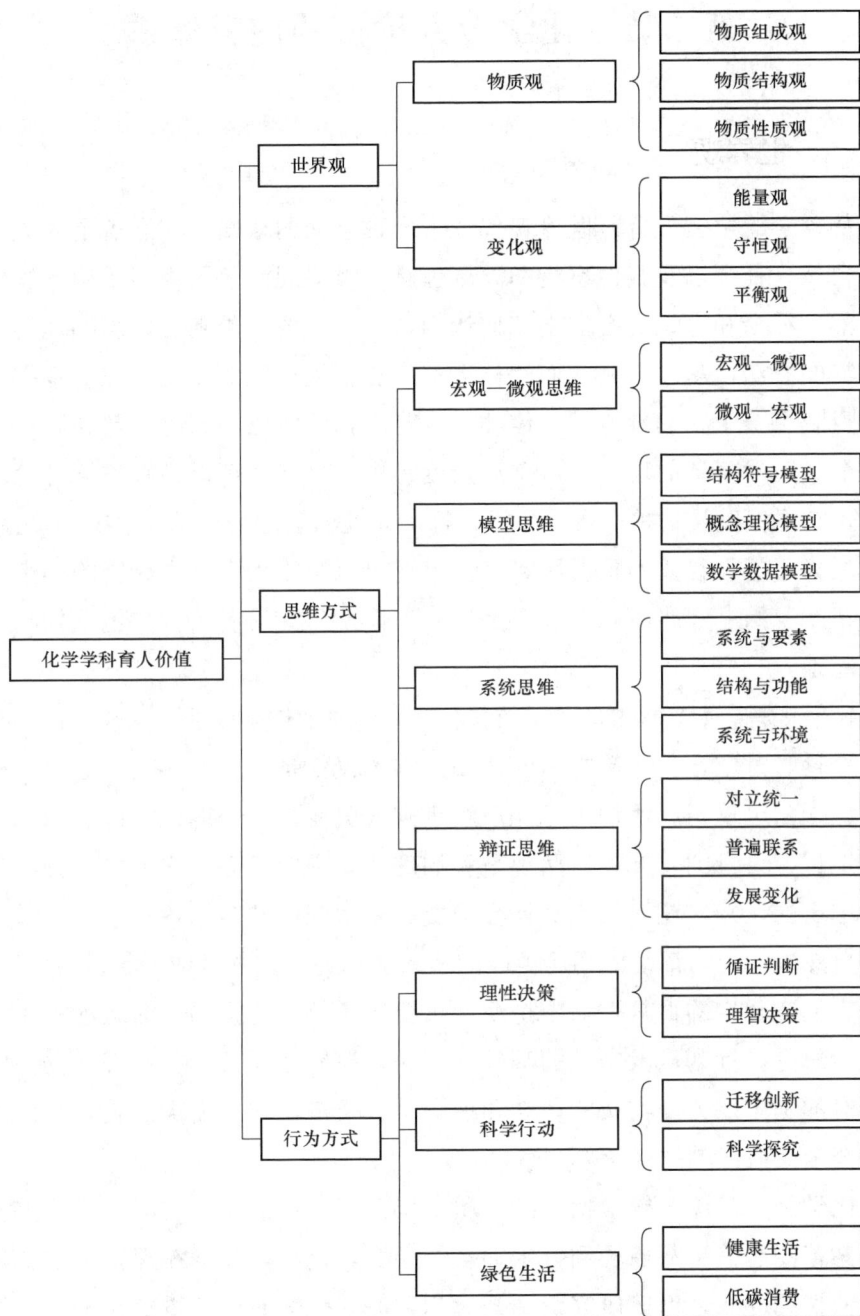

图 8-1-2 优化后的化学育人价值体系

第二节　化学育人价值的内容体系

一、世界观

从哲学的角度来看，世界观代表了一种全面的认知，它涵盖了人类对宇宙、自然、社会以及其他事物的深刻理解。世界观涵盖了许多不同的视角，如自然、社会和意识。心理学家们认为，一个人的世界观可以影响他们对这个世界的看法，从而影响他们的社会态度和行为模式的变化。在教育中，世界观反映了一个人的价值观、信仰以及对事物的看法，它可以帮助我们更好地理解和应对复杂的现实。从全局角度考虑，世界观可以被视作一种深刻的认知，它不仅仅是一种观察、分析、解决问题的基础，更是一种影响、控制、改变人类思想、行动的重要因素。世界观可以被视为一种本体论的探索，它可以帮助我们更好地理解"是什么"和"不是什么"，并为我们的认知和改变提供基础。

自然观是一种深刻的认知，它反映了人类对宇宙的理解，包括物质、运动、变化、时空、生命等方面的认知。它不仅仅是一种世界观，更是一种深刻的认知，可以帮助我们更好地理解宇宙的奥秘，更好地把握自然的规律，更好地把握自身的发展。自然观是我们理解宇宙的核心，它不仅仅影响着我们对宇宙的认知，还为我们对社会历史、意识观以及其他各种概念提供了支撑。自然界的一切都是由物质组成的，人类已经发现并合成了超过 1 亿种物质，它们在我们的日常生活中扮演着重要的角色。了解物质的运动规律是我们进行思考、行为以及实践的基础，而深入探究这些规律则是每一位公民必须拥有的基本能力。物质的认知和理解是人类最基本的需求，它为我们提供了一个全面而深刻的视角来洞察世界。

化学是一门深入探索物质的本质、特征、运动规律、实际应用的重要学科，其范围涵盖了从原子到分子的多个层面。化学与物理在探索宇宙奥秘上有着密切的联系，但其研究范围却大相径庭。化学研究的重点在于物质的组成、结构、特性以及转变，而物理学则更加关注物质的本质、相互作用以及运动规律。因此，它们在探索物质的本质时，存在着明显的差异。尽管物理与化学的研究方法可能会相互影响，但它们的目标却大相径庭。物理的目的是探索物质的实际状态，以及它们的微观运动规律；而化学的目的则是深入探讨它们的化学反应机制，以期更好地理解它们的内在规律。总而言之，化学和物理在探索物质及其运动变化方面各有其独特的领域和方向，它们之间是相互融合的关系，但也有着自身的特点，对于学生形成正确的世界观具有重要的意义和价值。

（一）物质观

物质观，是人们关于物质的基本观念，具体而言，即有关物质的组成、结构和性质的基本观念，它们分别表现为物质组成观、物质结构观、物质性质观。探讨和确定自然界中各种物质的基本组成和结构是化学的根本任务之一。

物质观是一种对物质的全面认知，包括对物质的组成、结构以及其特征的理解，这些理解可以通过三个方面来描述：物质的组成、结构以及其特征。研究和分析自然界中各种物质的组成及其结构，是化学研究的核心目标之一。

物质观的演变历经了古代的朴素唯物主义、近代形而上学的理论和辩证唯物主义的思想发展。古代的唯物主义者曾尝试探索世界的本质，尽管当时的人们对宇宙的理解仍然有限，但他们仍然尝试着把宇宙的本质抽象化，以"金、木、水、火、土""气、火、水、土""一团永恒的活火"等著作中的"五行说""四元素说"等方法来描述，以及泰勒斯提出的"万物皆由水组成"的观点；近代形而上学唯物主义物质观认为，原子虽然是宇宙的基石，但其本身也具有物质的性质，因此，物质的运动可以被看作一种复杂的机械运动，而非单纯的物理现象；辩证唯物主义强调，物质是宇宙的基础，它既是自然科学、社会科学以及思想科学的综合体，也是影响人类行动的重要力量。随着科学技术的飞速发展、原子分子理论的日益深入、元素的精准描述，人们已经可以清楚地观察到各种物质的结构、特征，并将它们归纳为一个整体，这样就可以更加全面地掌握物质的本质。通过化学，人们可以更好地理解物质的结构、特征以及它们之间的关系，从而更深入地探索它们的多样性。

1. 物质组成观

物质构造观是一种对物质构造的基本理解。元素是物质的基础，所以我们可以用它来理解物质的构造。组成物质的元素通常包括各种元素，化学中，构成物质的元素通常包括原子、分子和其他类型的微小结构。在进行物质系统研究时，首先需要深入探索其内部结构，并将其拆分为若干个独立的元素，以便更好地理解和掌握其中的各种因素。通过对宏观物质的深入研究，可以更好地理解它们的特性，并从中提炼出最重要的元素，如原子和分子。深入研究物质的构造，以及它的各种特征，是完成对它真正理解的关键，因为只有仔细探究它的结构，才能够更好地掌握它的全部特征。无论何种物质，都具有独特的结构、形态、颜色和特征，但它们的实际存在仅仅是由少数几种元素以特定的方式混合而成。了解物质的基本构造，就像打开一扇通往宇宙无穷奥秘的大门，它可以帮助我们深入洞察每一种元素的独特性，从而更好地了解宇宙的复杂性。在探究宇宙的本源时，学生们应该深刻理解：宇宙是由各种元素构成的；元素的特征会随着时间的推移而发生变化；不同的物理状态会导致它们的特征和行为方式出现差异；元素的化学性质决定了它们的各种价态。

2. 物质结构观

物质结构是人类对于自然界的一种普遍认知，由于物质结构取决于其中微小颗粒之间的交互作用，所以，可以将这种认知称为微粒观。随着科学技术的进步，人类已经发现了一百多种新的元素，但人们熟悉的元素仅占极少数，这是由于物质世界的多样性受到各种元素之间相互作用的影响，以及它们被组合在一起的过程的影响。在物质世界里，每一个单独的元素都有着自己独特的功能，它们之间的交互和影响使得它们能够形成一个完整的、有机的整体，这就是物质的本质。原子是由电子、中子、质子和其他元素组成的，它们之间的相互作用可以通过电磁力来实现，而这些元素之间的化学键和分子间的作用力也可以使它们形成一个稳定的结构，从而使物质具有更高的性能和稳定性。因而，物质结构的概念对于理解宇宙的本源至关重要。

3. 物质性质观

物质性质观是一种基本的概念，它涵盖了物质的物理特性和化学特性。通过对同一类别的化学物质进行分类，可以更好地理解物质世界的构成，并能够预测它们可能会发生的变化。这种方法可以帮助我们更好地了解物质的性质，并从中提取有用的信息。物质的特征对我们的日常生活产生了深远的影响，比如我们对于酸、碱、强酸、弱酸、金属、非金属、有机物、无机物、蛋白质、糖类等的理解。学习者应当深刻领会：物质的本质是由其内在结构和特性决定的；物质的特征和用途是由其本质决定的；不同的物质具有相似的特征；变化的物质特征源于它们的组成和结构的差异。

（二）变化观

变化观是对物体运动的一种理解。世界由物质构成，而这些物质又以其复杂的运动、变化与发展为特征，这种运动与变化构成了宇宙的基础，也构成了宇宙的核心属性。随着时间和空间的流逝，世界上的一切都在不断变化，从宏观的宇宙到微观的粒子，从电热磁的分子振动到化学的化合与分解，从生命的诞生到衰亡，每一个角落都在不断地发生着变化，令人惊叹不已。物质的运动有着多种多样的形态，从最基本的六种来看，它们分别是：机械运动、物理运动、化学运动、宇宙系统运动、生命活动和社会活动。每种运动都有其特点，并且遵循一定的规则。化学反应是一个复杂的过程，它涉及物质的各种性质，包括它们的化学组成、能量和重量的转换。化学反应是一个复杂的过程，它不仅受到能量的影响，而且遵循守恒定律，在特定条件下，有些化学反应会达到平衡，从而使物质发生变化。通过化学变化观，可以更好地理解化学反应的特性、机制、意义、应用、技术，并从中获得更深刻的认知，从而推动科学的进步。建立一个基本的化学变化观念对每个人都是有益的，它能够帮助我们更好地理解物质的运动、发展和变化，从而更好地把握它们之间的联系。通过对物质变化的观察，如能量守恒和动量守恒，可以更加深入地探究全球气候变化问题，并评估人类行为可能对气候造成的潜在影响。

1. 能量观

能量观是一种关于化学反应中能量的变化和转换的观念。化学变化是一个复杂的过程，它不仅影响着物质的组成，也影响着能量的转移。它不仅可以帮助我们储存和释放能源，还可以改善我们的健康状况。比如，燃料的燃烧可以给家庭带来温暖，而且，身体内的各种化学反应也可以帮助我们保持正常的生理功能。能量的重要性不容忽视，它不仅可以导致经济危机，还可能导致国际冲突。因此，提升能源利用效率已成为全球关注的焦点，而且也是应对当今全球能源危机的关键措施。所有的化学反应都会产生能量，这些能量的流动可以通过破坏或重组化学键来实现；化学反应是一种能量交换过程，它可以改变物质的性质；能量具有多种变化方式，可以被有效地转化，但能量的流动是受到物理规律的限制的。

2. 平衡观

平衡观是一种关于可逆反应的观念，它强调了平衡的重要性。当反应的温度与产物的浓度保持一致时，化学反应就会进入一种稳定的状态。大多数化学反应是可逆的，它们能够以各种方式维持稳定，而这种稳定的状态对于我们的日常生活、工业发展以及科学研究来说至关重要。利用平衡的思想，可以更清楚地认识到，随着温室气体如二氧化碳、水蒸气、甲烷和臭氧排放量的不断上升，这些物质的分布也将发生改变，可能引发全球变暖。为了充分利用化学平衡的知识，学生们应该理解：化学反应是有规律可循的，它们之间存在着明显的界限。此外，还需要注意它们的变化速率：当符合特定的条件时，可逆反应将会发生，从而达到化学平衡的状态；不同的浓度、压力和温度都可能会显著地改变化学反应的结果，通过精确控制化学反应的参数和条件可以有效地改变化学平衡。

3. 守恒观

守恒观是一种被普遍认可的观念，它可以用来解释化学反应中的变化。所有的化学反应都遵循着守恒定律，这在科学领域中被广泛认可，它为我们提供了深入了解宇宙构造和运行规律的重要基础。"碳循环""氮循环"和"守恒"均以碳循环的概念为基础，探讨了 CO_2、CO、碳酸盐、碳水化合物、蛋白质以及脂肪等元素之间的交互作用，以及如何实现这种交互作用，并将其视作一种守恒的运行机制，最终形成一个完整的宇宙系统。守恒定律是一种重要的哲学思想，它揭示了物质运动的规律。在化学领域，守恒定律是一个重要的概念，它涵盖了许多基本原理，如质量守恒、电荷守恒、电子守恒、能量守恒、物料守恒、质子守恒和元素守恒等。

二、思维方式

思考的本质在于理解，理解的结果取决于我们如何运用这种思考方式。不同于本体论的世界观，思维方式更多地涉及一种方法论，即如何去洞察、把握、理解这个世界，以及如何应对"怎样认识"中出现的挑战。思维方式可以被视为一种理性的、有序的、有规律的、可持续的、系统的、有组织的、有条理的思考方法，它源自某种特定的历史时期，其中包含了哲学世界观、科学理论以及科学方法论。这些理论与方法论的结合使思维主体能够更好地理解、分析、推理、解决客观事物，并以此为基础进行决策。人类的思维方式是思维活动的综合体现，换句话说，思维方式是由特定的知识、想法和技能组成的，它可以帮助我们更好地理解并掌握客观现实。思维方式与思维形式、思维模式有着本质的区别。思维方式是通过采用多种思维方法，包括归纳、演绎、分析、综合、抽象等，可以有效提取出更多的信息，从而获得更深刻的认识。思维形式是人类思考的基础，它可以通过概念、判断和推理来实现。思考是一个复杂的过程，包括思考方法、形态、主题和框架等。思维形式是决定一个人理解和行动的关键因素，通过将不同的思考模式、存在形态以及行动模式结合起来，可以更加清晰地理解和掌控客观现象。思维模式在人类的认知和实践活动中起到了重要的调节和指引作用，它可以激励个体有意识地朝着某种特定的目标前进，也可以无意识地阻碍其前进。采用科学合理的思维模式可以激发人们的认知和行动，而不当的思维模式则会妨碍他们的思考和行动的有效进行。思考可以跨越时空的界限，从一个特定的领域拓展到更多的领域，从而使我们的想法得以实现。杜威认为，思维的转化价值主要取决于如何发掘、整理、运用与之相关的信息，"思维是一种自觉地理解共同因素的过程"则强调，只要将这些信息有机地整合，我们的智慧、见解和想法便会被更好地运用，从而在实际生活中获得更多的成果[①]。

　　思维方式通常具有许多特点，如多样性、稳定性和偏好。首先，思维方式的多样性体现在，它以不同的形式和方法来构建，并以此来推动和实施各种复杂的思考活动。换句话说，思维方式是由多种思维形式、思维方法以及其他因素共同构成的。思考的多样性和复杂性可以通过它的全面表现来得到体现。其次，思维方式的稳定性意味着它能够保持一个相对平衡的运作架构和模式。思考是一种复杂的过程，由个人的知识、想法和技能组成，这些构成元素之间的关联与交互使个人的思维模式更加稳健。思维方式的偏好可以

---

① ［美］杜威. 我们怎样思维·经验与教育［M］. 姜文闵，译. 北京：人民教育出版社，2005.

被定义为一种特定的思考倾向，这种模式会影响人们对外界的看法，从而影响他们对客观现实的理解。因此，每一个主体都应该根据自身的特点，采用自己独特的思考模式来认识、把握和融入世界。皮亚杰从生物学的角度深入剖析了教育的发展，杜威从哲学和教育学的角度，将形式逻辑与思维联系在一起。列昂捷夫则从文化与社会的层面出发，从不同的视角深入剖析，彰显思考的多样性。

从古至今，人类的思维方式一直在不断演变。现代化的思维方式包括四种主要类型：基础性、推理性、抽象性和感性。此外，还有三种主要类型：实践性、理论性和抽象性。依据主体的认知、行动以及对客观现实的把握，不同的思考方式可以表现出不同的特征，如唯物主义、唯心主义、辩证法、形而上学等。此外，研究这些思维方式的网络结构也有助于更好地理解它们，这能更好地指导我们的行动。通过对唯物辩证法的思考，我们可以把它划分为四个不同的层次：实际应用、普遍适用、深入探究和广泛应用。

（一）宏观－微观思维

"宏观－微观思维"是化学在自身发展和演变中形成的一种独特的思维方式，物质世界被划分为三个主要领域：微观、宏观和宇宙。化学则是一门综合了这三个领域的学科，用来研究物质的运动规律。在化学研究中，宏观概念涉及大量的实验数据，如原子、分子、离子、有机物、有机溶剂、有机污染物等，它们的存在与运动都受到宏观因素的影响。因此，我们需要通过宏观的视角，来深入探索这些实验数据，把握它们的变化趋势，从而更好地理解它们的本质。微观思维是化学学科的一种独特的表现，它的发展源于人类对于宇宙的洞察力，即从微小的细节出发，去发现宇宙的奥秘，去深入理解宇宙的运行机理。当我们还没有完全把握宇宙的运行机理时，就不得不依靠想象力和推理来解释宇宙的运行规律，就无法完全把握宇宙的本质。因此，我们需要不断地探索，创造出一种宏观与微观相结合的双向的认知模式。

结合宏观和微观的视角，能够更加清晰地洞察物质和生命的真谛，如研究微观世界的量子性，提出波粒二象性理论，这种结合宏观和微观的思维方式，为我们提供了一种全新的视角；利用宏观和微观的视角，生物学家能够更加全面地研究细胞的分子特性、结构、代谢、发育和衰退等方面，更好地理解它们的运作机理。尽管物理和生物科学的研究可以从宏观到微观的视角来探索客观世界，但在化学研究中，宏观与微观的融合仍然占据着重要的地位，它不仅仅影响着大多数的研究，也影响着整个的实验过程。因此，通过化学课程来培养学生的宏观思维和微观思维能力是非常重要的。

在日常生活中，人们经常需要运用宏观–微观思维来洞察和认识物质世界。这种思维方式不仅局限于化学研究，而且更广泛地涵盖了自然界和社会中的各种事物。通过对生态系统的宏观分析，深入探究并洞察微观尺度上碳元素对环境的重要性；通过研究历史上的许多类似的细节，可以更好地了解宏观社会的发展趋势及其影响因素。宏观–微观思维能力可以通过化学研究进行培养，这种能力在两个方面表现得尤为明显。

1. 认识事物及其发展变化的本质

宏观指的是人类能够目视感知的范围，其空间限度通常介于 10^{-6} 厘米到 10^{-4} 厘米。宏观化学是一门涉及多种因素的科学，这些因素包括物质的外观、颜色、溶解度、燃烧特征等。在宏观化学中"宏观物质"和"宏观现象"是最重要的，宏观的物理现象及其背后的原理都受到微观粒子的活动影响。因此，为了更好地理解这些概念，我们需要以更加细致的视角来探索其中的奥秘。通过这种思维方式，我们可以更好地理解自然界及其他社会现象，并从中获得指导性的启示。此外，通过对宏观特征的分析，我们还可以更好地理解物质的微观结构，并且更深入地探究它们的性质和变化。

2. 认识事物及其发展变化的规律

在化学领域，微观概念涉及许多物理现象，这些现象的空间限度一般在 10^{-7} 厘米到 10^{-6} 厘米，包括"微观粒子""微观现象"，以及由此引起的物理现象。这些现象往往难以被人类的日常经验所理解，比如电子的跃迁、化学键的相互作用等。通过对物质的细节进行全面分析，能够更好地掌握微观物质的特征，并从中提取出有价值的信息，理解事物的本质。通过从微观到宏观的思维方式，不仅可以在实际生活中获得有效的指导，还可以深入探索复杂事物的本质，洞察其中的运作原理及其变化趋势。

（二）模型思维

模型思维是一种将实际情况转换为抽象概念的方法。"相似的东西只有由相似的东西才能认识"是古希腊哲学家德谟克利特提出的一种全新观点，可以帮助我们更深入地认识和理解世界[①]。在现实生活中，许多事物都是难以直接体验的，必须通过建立模型来帮助我们更深入地了解这些事物。模型可以说是一种抽象的概念，它可以帮助我们重新构建、诠释，甚至可以作为我们原有的思维方式的替代品。比如，地图可以用来反映地形，温度则可以用来反映气候。通过模型思维，我们能够超越传统的认知局限，深入探索微观、抽象及未知领域，从而更好地理解和描述看到的事物。这种思考方式不仅能够帮助我们更好地把握现实，也能够更有效地实现我们的认知目标。模型，如理论、数学、统计、图像和实物等，都是我们思考的重要工具。

模型思维在化学研究和应用中发挥着至关重要的作用，其影响力不可忽视。化学是一门从微观层面探索物质及其变化的科学，这些微观粒子及运动往往是无法被直接观察到或感知到的。因此，我们需要借助特定的模型来描述和解释人类在思维中构建的理论，这正是模型思维的体现。只有当科学知识被植根于人们的内心，才能被真正理解和掌握。因此，在化学领域，模型思维是一种以模拟微观粒子的行为、结构、性质以及它们之间的关系为基础，以更好地理解宏观现象与规律的思考方法。

（三）系统思维

20世纪40年代，系统科学的出现为系统思维提供了一个新的视角，它认为世界是一个由多种不同的系统组成的复杂系统，这个复杂系统具有四个主要部分：要素、结构、功能及环境，这些部分组合在一起形成四个关键领域：系统与要素、系统与环境、要素与结构、结构与功能。系统科学旨在探索各学科之间的关联，以及它们如何通过演变来实现共同的目标。它将事物视为一个有机的整体，并研究它们的结构、功能以及它们之间的关系。系统科学认为，现代科学技术的进步不仅应当从微观层面推进，还应当拓宽到更加复杂、更加整体、更加综合的宏观层面，以解决可持续发展、经济全球化等重大挑战。所有事物都是一个复杂的系统，深入理解它们的本质和全貌，将有助于我们更好地把握它们。采用系统化的思考模式可以显著改善个体的普遍

[①] ［苏］拉扎列夫，特里福诺娃. 认识结构与科学革命［M］. 杨延延，王炯华，译. 长沙：湖南人民出版社，1986.

理解能力，从而发挥其重要的作用。

通过系统思维，我们可以将认知对象视为一个完整的系统，并以此为基础，深入探究其内部的关系、机制、特征以及它们之间的相互影响。人类的日常生活受到许多因素的影响，这些因素可能包括自然界、社会环境、政治、经济、思维、文化、生物学、教育、交通等。这些因素之间存在着密切的联系，并且各有不同的作用。系统思维是一种重要的思维方式，它可以帮助人们更好地理解和解决生活中的各种问题，帮助人们从多个角度去审视事物，更全面地认识它们，避免片面性认知的产生。综上所述，系统内部的元素、元素之间的交互作用、元素与外界环境之间的复杂关联，都是构成一个完整体系的重要组成部分，只有通过全面考虑这些元素、元素之间的交互，我们才能真正理解这个系统。

系统可被视为一切现象的基础，化学则更加深入地探索了这个系统，从微观的化学反应到宏观的生态系统，从碳循环到氮循环，再到大气系统，系统的复杂性和变化性都可以被深入研究。在化学领域，我们经常会使用系统思维来理解物质的性质以及它们的变化。例如，在普通的高中化学课程中，我们会使用这种方法来进行研究，并关注分析、综合、局部、整体、结构、功能、系统和环境之间的关联。通过对化学中的各种系统的深入研究，我们可以更好地理解它们之间的关联，并从中探索出它们的本质特征、运行机制和发展规律，这有助于培养学生的系统思维能力。在化学领域，系统思维的应用可以从多个角度得到体现，其中最重要的有以下几个方面。

1. 认识事物的存在方式

构建一个系统的基础在于它的基本要素单元，它经过多个要素的紧密联系与相互影响，形成一个拥有独特功能和结构的复杂系统。系统的构建需要各个元素的协同，每个元素都是整个系统的重要组成部分，它们之间存在着密切的联系。然而，系统的完整性远非仅仅由各个元素的简单拼凑所决定，它们只有经由特殊的结合形式，才能够形成完整的系统。综上所述，元素构建了系统，而这些元素又以特定的形式紧密联系起来，形成了一个完整而又相互依赖的有机整体。通过研究两个元素之间的相互影响，我们能够更好地了解并掌控系统的特征，从而更好地认识和理解它的存在。在化学中，我们通过观察物质、能量、离子和电子的组合来理解事物的存在方式。这种方式主要体现在：化学反应中物质、能量、离子、电子构成的系统；化学与其他科学构成的系统；科学、技术和工程系统等几个方面。

2. 认识事物的功能表现

与一般的物质形态不同，事物的特征及其功能取决于它们的组成要素，这些要素是决定它们性质的关键，但相比而言，结构更为重要，它是影响事物性质的核心要素。结构决定了系统中每个元素的排列顺序，功能则反映了这些元素之间的相互作用。每个系统都拥有独一无二的架构，它们的性质和功能完全由架构决定，这也是"结构决定功能"的基础，深入了解事物的结构是探究它们功能差异的关键。化学是一门极具挑战性的学科，旨在通过对物质的结构、功能、行为等方面的分析，来揭示物质的内在机制与特征。"结构决定性质，性质决定功能"被认为是化学领域的基础概念，它为解决许多化学问题提供了重要的思路，并且可以帮助我们更好地推导出结论。例如，葡萄糖是淀粉和纤维的基础组成单元，但是由于它们的葡萄糖单元的组合方式不同，它们的结构也会有差异，这就会影响它们的性能，金刚石和石墨也是如此。如果仅以要素作为划分事物的标准，而忽略了结构的重要性，就可能造成不同事物的概念混淆不清，不利于辨别事物的性能。"反应停"是20世纪50年代德国研发的一种药物，它的初衷是改善孕妇妊娠反应。药物中的 A 苯酞茂二酰亚胺的结构存在两种不同的手性结构分子，它们的药理效应存在显著的差异：A 结构可以起到安抚作用，但 A 结构也可能会引发胚胎不良反应，从而导致胎儿发育异常。这一案例清楚地表明，从结构和功能的角度来看，我们应该更加谨慎地认识事物的本质。除了化学中涉及的物理系统，我们还需要通过研究它们的结构和功能来更好地理解其他领域。此外，在化学领域，我们需要从结构和功能的角度来探索系统思考的问题，这些问题可以表现为：物质的结构、性质与功能的系统；元素的位置、构成、性质的系统。

3. 认识事物的发展规律

个人的成长环境可以从自然界、家庭、学校和社会等多方面来考量，而化学反应系统则受到温度、压力、光照等外部因素的影响。因为所有事物都是彼此关联且相互作用的，所以系统会受到周围环境的影响，并且会通过运动和信息的交流来改变它们的发展趋势，这种改变最终会导致系统的发展方向和产生的结果发生变化。有学者认为，环境是一个复杂的系统，它不仅可以为系统提供必要的生存条件，还可以帮助系统作出正确的选择，并且还可以影响系统的组成、结构和功能的变化①。通过分析环境与系统之间的相互作用，可以更好地理解并掌握事物的发展趋势。通过研究物质体系中的温度、压强和光照，化学家可以更好地理解事物发展变化的规律，从而更好地掌握它们之间的关系。

辩证思维与系统思维相比，辩证思维着眼于对事物之间的矛盾及其影响的深入探究，而系统思维则更多地侧重于对事物之间的联系及其总体趋势的研究。尽管系统思维与辩证思维相比有其独特的优势，但是为了更好地理解化学，必须从多个视角深入研究，并且充分考虑到它们对学生思维发展的重大作用。

（四）辩证思维

辩证思维是一种深刻理解客观现实的思维方式，它能够从多个角度准确地捕捉客观实体的内在联系，并以此为基础，有效地分析它们之间的关系。辩证思维的发展受到一定的限制，它仅适用于特定的情况，而非所有情况。因此，我们必须以辩证的视角来审视客观事物，以便更准确地把握它的真实本质，避免被虚假的、无意义的辩证思维所迷惑。恩格斯在《自然辩证法》中指出，辩证思维是一种深刻的洞察力，它能够揭示自然界中普遍存在的矛盾和对立，从而帮助我们更好地理解和解决复杂的问题。辩证思维是一种独特的思维模式，它能够从多个角度深入分析、洞察、理解并有效地运用于实践中。因此，辩证法是一种讲对立统一、普遍联系、发展变化的思维方式，它能够帮助我们更好地理解世界。辩证思维能够深刻揭示事物之间的差异性和复杂性，从而更好地理解它们之间的关联性；其不仅能体现出事物的相对稳定性，更能揭示其绝对的变化趋势；它认可事物的共性，也承认这种共性可能会因为不同的观点而产生差异。因此，辩证思维可以被定义为一种以客观、全面、深刻的视角来理解事物的辩证发展规律的思维方式。

在化学研究的范畴里，许多物质的运动变化都是辩证的，因此，我们必

---

① 张华夏. 物质系统论［M］. 杭州：浙江人民出版社，1987.

须借助辩证思维来深入探索。通过化学反应，物质可能会发生变化，比如，化学反应、氧化、还原、溶解、结晶、中和、水解、原子核、金属、非金属、阴离子、阳离子等，这些反应可能是相互矛盾的，也可能是相互联系的；除了由内在因素和外在环境影响的共同作用，化学反应的发生还受到物质本身的结构特征以及其他相互作用的影响，从而形成了一种相互依存的统一性。比如，化合物的相似性与独特性表明了它们在普遍性与特殊性方面的相互作用。总而言之，化学的各个方面都反映了事物的辩证性。人们必须运用辩证思维来深入理解物质及其变化的本质，以便更好地理解和掌握它们。

现在，辩证思维已经成为一种不可或缺的思维模式，辩证思维的出现也使科学理论的发展取得了重大突破。通过辩证思维，我们可以像数学一样，在涉及概念时获得有效的结果。在人类思维的早期阶段，普通思维只能够捕捉到事物的表面现象，无法把握其内在的本质规律。而辩证思维则是一种更加深入的思考方式，它可以把握事物的内在本质，更好地理解其发展规律，并且可以更好地把握其辩证性特征，弥补普通思维的不足。现代科学的发展需要我们摆脱机械化的思维模式，采用辩证思维来探索客观事物的本质。它强调了对立统一、普遍联系和发展变化的关系，可以使我们更好地理解世界。武谷三男曾强调，应当运用辩证法来深入探索量子物理的本质。他强调，当前量子力学的需求已经超出了形式逻辑的范畴，"唯有依靠辩证逻辑"为我们提供了一个深入探索量子力学逻辑框架的机会。辩证思维对于人类的日常生活至关重要，它能够帮助我们理解生活中的事物[①]。"失败是成功之母""阳光总在风雨后""不积跬步，无以至千里""祸兮福所倚，福兮祸所伏""水能载舟，亦能覆舟"等话都以独到的视角，深入剖析了辩证思维的本质，使我们能够更好地洞察事物的辩证性，并以此来指导我们的实践。换句话说，学习化学是为了培养学生的辩证思维能力。化学学科中辩证思维的应用可以从多个角度来看待，其中包括以下几个方面内容。

1. 根据辩证关系认识事物的对立统一

以辩证法的视角来理解客观现实的实质，是辩证思维的核心要素。在化学领域，存在着多种相互矛盾的统一性。例如，物质的化学变化本质上是由

---

① 金顺福，汪馥郁. 辩证思维论［M］. 北京：北京燕山出版社，1996.

它们之间的矛盾导致的。随着反应的深入，它们之间的矛盾逐渐减弱，最终形成了一个完整的整体，这正是化学反应的本质所在。例如，物质的氧化和还原过程中，获取电子会导致失去电子，而氧化反应会导致还原反应。这两种反应是相互依赖的，但当特定条件出现时，它们会朝着相反的方向发展。通过辩证思维，人们可以更深入地理解化学中的对立统一关系，并将其应用到日常生活中，从而更好地掌握化学知识。辩证思维不仅能够帮助人们更好地认识和理解化学，还能够帮助人们更好地应用化学知识来解决实际问题。经过深入研究，发现化学中蕴含着多种对立统一的辩证关系，这些关系能够帮助我们更加清晰地认识事物的本质，更有效地利用它们来推动科学的进步。这些概念涵盖了物质之间的复杂关系，如金属与非金属、化学反应、氧化还原、电子传输、能量转换、热力学反应、光学反应等；随着化学反应的发展，矛盾和对立将变得无法避免，而且它们之间也将形成对抗；物质的共性与差异在于它们的形态、结构、功能等；内在因素与外界环境的交互作用可以显著改变物质的状态；在中学化学课堂上，老师不仅要求学生掌握正确的分析方法、有效利用资源，更要求他们深入理解化学知识的内涵，并能够将其与实际应用相结合，从而实现最大的教学效果。

2. 根据物质本质认识事物的联系

联系体现了客观世界中不同元素、不同实体之间的复杂性，它们彼此制约、影响和交互。联系无处不在，无论是自然界还是人类社会，它们之间的联系总是紧密而又相互依存的。在这个世界上，物质之间通过相互作用而形成了一种普遍的联系，这种联系使物质发生了多种多样的运动和变化。通过研究物质的交互作用，可以更好地了解它们之间的关联，并以这种关联为基础探索其他事物的内在规律。通过深入探究事物之间的复杂联系，如彼此依赖、交互影响、变化及其他因素，我们才能更加清晰地认识它们。所有事物、现象和变化都是相互关联的，化学与人类生活也是息息相关。

3. 根据物质变化认识事物的发展变化

任何客观存在都有一个演变的过程，它们彼此交织在一起，形成一个复杂的网络，从而推动着它们的发展与转换，从自然界到社会，从人类的行为到思想，都在这个过程中不断演变，形成一个完整的"宇宙"。以发展变化为基础，可以深入探索事物的本质，以及它们在当下、未来的演进趋势，以便更好地理解它们的内在规律。通过对事物的发展变化的深入理解，我们可以更好地把握它们的演变趋势，并将其与历史的脉络联系起来，更加准确地把握它们的历史演进。通过化学教学，我们可以帮助学生更好地理解事物的发展变化，更深入地探究物质的运动和变化的本质及其特征。这些可从以下几个方面展开：物质不断地运动和变化；元素周期表的规律性变化；化学理论的历史发展进程。

三、行为方式

行为方式不仅仅是思维方式，它也是一种方法论，可以帮助我们回答在"怎样做"中出现的问题。"方式"描述了一种有序的、可控的、可持续的、可预测的、可调节的、可控的行为，它们构成了一个完整的系统，可以帮助我们更好地理解、掌握、改善自身的能力。通过结构分析，行为可以被划分为三个部分：行动的发起者、实施的过程以及受影响的目标。根据相同的目标，不同的参与者可以采取多种不同的策略，以达到各自的目的。人们的行为方式受到他们的世界观、思维方式以及其他因素的影响，这些因素对人们的行为产生了深远的影响。然而，我们必须认识到，行为的技巧、策略以及表现形式都必须在个体的日常生活中得以持续的改变与发展。这表明，通过教育我们有望改变人们的行为习惯。人类的行为方式是影响实际行动结果的核心因素，它既可以改变现状，也可以影响未来的发展趋势。例如，采用科学的思维方式，让我们能够更加清晰、准确、有效地生活，而采用道德的行动则能够让我们更加诚实、友好、和睦。

化学是一门基于客观现象和科学实验的自然科学，它能够帮助我们更好地理解、探究和应用知识，从而发挥出它的最大价值。化学学科对人的行为方式的影响可以划分为理性决策、科学行动和绿色生活三个方面。

（一）理性决策

理性和感性是相对的，它们都是通过概念、判断和推理来获得认知的方式。人类的思维和认知能力来源于他们的日常经验和体验，这些经验和体验为他们提供了丰富的感性知识。通过感性体会，我们可以更好地了解周围的环境，而通过理性思考，我们可以更深入地探索事物的本质。

　　化学是一门重视实验的学科，它通过观察、测量、研究、分析、推导等多种手段，深入了解物质的性质、特征，并且能够根据这些信息来制订有效的解决方案。通过对化学学科的深入研究和对高中化学课程标准的分析，化学对于培养人们的理性决策行为主要体现为循证评判和理智决策两个方面。

　　1. 循证评判

　　经过系统的循证评判，可以从客观的角度、全面的数据和证据中深入探究、识别、分析和评估事物的真实性、合理性和价值。随着科技的发展，信息和观点已经融入我们的日常生活中。因此，人们必须以理性的态度去审视、评估和分析事实和证据。通过实证研究，化学可以提供一种有效的方法来评估、分析和解释信息和观点，从而使我们能够得出更加精确的结论。通过深入学习化学知识和技能，我们可以更加准确地评估和判断自身的观点，从而在这些领域取得更大的进步。比如，通过对物质燃烧的深入研究，我们可以更好地评估大型垃圾处理站的选址问题。通过在化学课堂上引导学生进行循证判断，可以帮助他们更好地识别信息、评估观点和作出价值判断。

　　2. 理智决策

　　通过全面分析客观规律、逻辑原理以及当前环境状况，作出明智的决定，这就是所谓的理智决策。例如，根据甲醛的性质及其可能带来的危害，我们必须认真地审视室内装修情况。决策是一种重要的社会行为，它要求人们综合考虑各种因素，结合科学的原理、技术、经验，对客观现状进行全面分析，找出最有效的解决方案，以达成自身的目标。决策也是一个复杂的过程，它既受到理性思维的驱使，也受到情感因素的影响。当人们作出没有经过深思熟虑的决定时，这些决定往往会受到情绪的支配，从而产生一系列负面的后果，甚至无法挽回。在化学研究和应用过程中，必须作出正确的决定，从选择合适的化工厂地点到确定最佳的实验药物，都需要人类进行理性思维，因为这些决定不仅会影响实验结果的准确性、可靠性以及经济效益，还会对环境和安全造成威胁。因此，学习化学知识对于培养学生的思维能力和判断力至关重要。

（二）科学行动

　　采用科学的思维模式和技术手段来探索、分析、研究和解决问题，从而实现预期目标的行为。在日常生活中，我们不断地遇到各种挑战，而拥有良好的科学思维能力是解决这些挑战的基础，也是实现我们的目标的重要因素。因此，教育的核心目标应该是培养学生的科学行动能力。各种学科都能够为人类带来丰富的知识和技能，并且会对人类的行为产生重大影响。化学是一门研究物质和反应的学科，它对我们的日常生活有着重大的影响。通过运用化学知识，我们可以解决许多实际问题。从化学的角度出发，我们可以深入研究物质的性质和它们的变化，而这种研究方式不仅仅是为了更好地理解自然界，更是为了更好地服务于我们的日常生活。因此，化学课程有助于提升学生的科学思维能力，包括思维转换、创造性思考和深入研究。通过利用现有的化学知识和技能，我们可以更好地解决日常问题，而不仅仅局限于传统的实验室操作。

1. 迁移创新

通过迁移创新，我们可以利用既有的知识和技能来解决日常生活中的问题，并且能够从中发掘出更多的机遇，提出更有效的问题解决方案。迁移和创新是两个不同的概念，前者指的是将已有知识和方法转化为新的应用，后者则是将这些知识和方法转化为创造性的应用，它们在实践中的差异体现在应用水平上。教育的核心价值之一便是培养学生的迁移性思维与创造性思维。因此，掌握学科知识的最终目的便是为了让他们能够将所学的技能应用到日常生活中。许多研究已经开始探讨迁移创新，其中，一些学者提出了"学习理解、应用实践、迁移创新"的概念，它强调了学习者在化学领域应具备的能力，即运用所掌握的核心知识、实践经验去解决复杂的、未知的挑战，从而获得新的认知和技术。"学习理解、应用实践、迁移创新"被明确定义为英语学习的重要组成部分，并被纳入了《课程标准》。因此，转变和创新应该成为所有学科的核心目标。在我们的日常生活中，化学知识和技术的广泛使用已经成为一种普遍现象。从酸碱反应的机制，到化学腐蚀的原理，再到清除水壶内的污渍，甚至是预防金属生锈，这些技术的创新性使我们受益匪浅。

2. 科学探究

通过对自然环境的深入观察和分析，科学家们可以从多种角度来推断和阐明现象产生的原因。通过探究，学生不仅可以建立起自己的知识体系，更能深入理解科学思维，并且更好地了解科学家如何利用自然资源来探索宇宙。

科学探究不仅仅局限于正规的科学研究，在我们的日常生活中，也可以通过科学思维和方法来发现和理解客观事物，从而更好地把握和掌握真理，这是一种表达个人意识和主观能动性的方式。例如，通过深入研究，我们可以检测出日常用品中是否存在酒精，也可以评估出日常用水的水质。

（三）绿色生活

采用科学的方法和低碳的原则来规划我们的日常生活，这就是所谓的"绿色生活"。通过运用化学知识，我们可以更好地了解化学产品和技术对人类健康的潜在危害，从而建立一种科学、节约、环保的生活方式。"绿色化学"和"绿色化学"的发布标志着一种全新的、可持续的生活方式的开端。它们以"绿色化学"的理念为基础，引发了全球的热烈讨论，并被广泛应用于各个与化学有关的领域，以推动社会的发展。美国化学家提出的"绿色化学十二原则"旨在推动环境保护，它们不仅涉及化学领域，还涉及日常生活，其中最重要的是：我们是采取有效的技术手段来减少污染，而不是仅仅依靠对污染物的后续处理来解决污染问题；通过充分利用原材料，我们可以生产出更优质的产品；应尽可能采用安全的原材料和产品，以确保它们的安全性；通过充分利用能源，我们可以实现最高的效率；尽可能充分利用可再生资源，以实现长期稳定的发展；应尽可能选择具有良好的环保性能的材料，以确保其不会产生有害物质。以化学学科的原子利用、物质变化和能量转化为核心，绿色化学旨在引领我们走向更加可持续的未来。它不仅仅是一门学科，更是一种文化，一种社会责任，一种精神追求。从普通大众的日常生活出发，深入探究绿色化学理念如何指导人们进行绿色生活，其具体表现为健康生活和低碳消费两方面。

1. 健康生活

有研究表明，人类的行为和生活方式与疾病之间存在着密切的联系。生活方式是影响健康的重要因素之一，通过积极的健康教育，可以帮助人们更好地遵循有利于身心健康的行为准则，并且能够有效地降低或抵御潜在的风险，从而预防疾病，改善生活品质。健康教育应该贯穿于各个学科，包括化学、生物学和体育学，以科学的理论和基本观念为指导，帮助人们建立健康的生活习惯和行为准则。化学是一门深入探索物质本质及其变化规律的科学，它可以帮助人们更好地理解物质的运动规律，为人们提供有效的健康生活指导。例如，了解烟草中的危险因素，掌握其化学机制，以便更好地控制和防止吸烟，以及正确地处理废弃物，这些都是构建健康生活的重要组成部分。此外，还应该加强对化学品的安全性评估，以确保其不会给人类带来不良后果。

2. 低碳消费

低碳消费意味着每一位消费者都应该致力于实现可持续发展，并以节省能源、保护自然为目标。消费低碳是实现低碳经济的关键因素之一。面对日益严峻的资源环境问题，我们必须保持警觉，积极实施绿色、低碳的发展战略，将节能减排放在首位，建立健全有效的激励和限制机制，大力推动资源循环利用、环保友好的生产方式和消费模式，以期实现可持续发展。通过实施低碳、可持续的生活方式，我们可以创造一个更加友好、包容、绿色的社会氛围，从而促进全体公民参与到生态文明的建设中来。低碳消费应当建立在人们充分理解"碳"在日常生活中的重要性上。碳在地球上扮演着至关重要的角色，它既可以在大气系统中被转化为二氧化碳，也可以从植物、微生物、化石燃料、矿物等多种物质中转化而来，从而形成"碳库"，为我们的日常生活提供可持续的能量。同时，碳循环是一个极其复杂的系统，它不仅涉及燃烧、光合作用以及沉淀等多种机制，还涉及大量的二氧化碳的迁徙。这些迁徙不仅会改变气候、生物多样性以及资源的分布，还会给人们的日常生活带来深远的影响。因此，利用化学知识来引导学生实践低碳消费理念，对于提升社会环境质量至关重要，这是任何其他学科无法比拟的。学习化学可以帮助学生培养低碳消费的意识，并使他们主动关注与资源开发和环境保护有关的社会问题。通过这些课程，学生们将能够更好地实施环保和低碳的生活方式。为了维护地球的生态平衡，我们应当尽可能地采用环保的原材料，改善衣物的清洁度，以及食用低糖低脂的健康饮食，尽量减少对能源的消耗，同时也要遵循低碳的出行习惯。

综上所述，高中化学课程不仅涵盖了物质的变化、宏观的微观、模型的系统、辩证思维的理性决策和科学行动的实践，更重要的是，它为我们提供了一个可持续发展的环境。这一学科的教育价值不仅体现在物理、生物、地理等领域，还可以拓展到更多的领域，比如，探索变化的本质、培养系统性思考能力、推动绿色发展，以及提倡健康的生活习惯。除了具备其他学科所没有的育人价值外，化学学科还拥有更加深刻的内涵，比如，它提供了一种以物质和其变化的运作机制为核心的思维模式，以及以绿色生活理念为指导的行动模式，这些都使得化学学科在培养未来社会公民的素养和责任感上发挥了重要作用。尽管高中化学的育人价值与其他学科有一定的相似之处，但由于化学学科的特殊性，它也具有独特的育人价值。这种价值不仅体现在学习内容和方法上，更体现在培养学生的创新能力和实践能力上。可以断言，高中化学的教育价值不仅体现在它的独特的学术属性，更体现了它对社会发展的重要贡献。它不仅是一个探索物质本身的科学，更是一个促进经济发展的重要工具。

高中化学的育人价值与其他学科有着共同的特点，但也有所不同，这也表明了它在促进人类全面发展方面具有更重要的意义和价值。育人价值的共性表明，它可以被应用于各个领域，无论是学术界还是社会，都可以被认可，从而满足人类发展的基本需求。化学学科在培养人的发展中扮演着重要的角色，它的独特性使它成为其他学科无法取代的重要组成部分，这也是化学教育的核心理念。在高中化学课堂上，我们必须认真思考如何适应每一位学生的需求，并根据他们的不同能力和兴趣来提供有针对性的培训。为了让学生在高中化学课堂上取得更大的进步，我们应该重视培养他们的创新思维，激发他们的潜能，提升他们的综合素养，以期达到全面发展的目标。

第三节 化学育人的价值实现

一、优化育人理念，促进育人质量全面提升

针对当前高中化学教育中存在的问题，我们应该从三个方面来优化教师的育人理念，分别是：化学学科与学生发展之间的价值关系、价值实现原理和普通育人价值。

（一）根据价值关系重新认识育人取向

价值关系是由客观事物的特征和其所处的环境形成的一种事实关系，客观事物与环境存在着密切的联系，而且每个客观事物都有其独有的特征，这

种特征也会影响到客观事物与环境的价值关系。在进行价值实践之前，我们必须明确主体和客体之间的价值关系，包括了解主体的价值需求、了解客体对于满足主体特定价值需求的能力，以及两者之间的联系。当前的高中化学教育存在着许多挑战，其中最主要的问题就是：价值主体地位的缺失、价值关系模糊和价值内容空泛，这些都源自对化学课程和学生的价值观理解不深入。为了更好地满足学生的需求，我们应该深入理解、明确并重塑中学化学课程的价值观，以便更好地对学生进行培养。

1. 了解化学对学生的可能性价值关系

学习是一个有意义的、激发潜力的、持续性的过程。从客观角度看，客观物质和价值之间的联系并非仅仅局限于物质本身，还有物质所代表的主观意义。属性是客观事物的本质特征，它与客体存在着密不可分的关系，而价值则是客观事物的一种独立存在，它们之间存在着内在的联系。当两个客观事物的特征符合人的需求时，它们之间的潜在价值就会被激活，从而形成真正的价值联系。学科的特征是高校培养人才的重要基础，但其本身并不能决定一个人的成长。只有当这些特征与学生的日常生活相结合，并且能够产生积极的影响时，学科才能真正发挥出它的价值。从客观角度来看，主体与客体之间的价值关系必须以科学的方式进行评估，以便满足双方的利益需求，从而达到双赢的效果。作为一名高中化学老师，我们应当抛开陈腐的观念，不能认为"学了就是发展了"，而应更加清晰地认识到化学课程的独特性，利用这些相关知识来激发学生的潜力，从而提升他们的学习效果。

2. 明晰学科对学生发展的价值关系

因为主体的需求和偏好存在差别，学科的意义和价值也就有所不同。学科和学生之间可以有多种不同的价值关系，通过建立一种有效的价值关系，可以满足学习者的认知需求、发展需求、一般发展和专业发展的需求，促进学习者的全面发展。差异性的主体及其需求构成了多样性、层次性和丰富性的价值关系，由于缺乏对学科与学生之间的尊重，很容易混淆学科教学实践中的价值关系。在化学教学的实践中，我们往往会忽略有效的评估，而仅仅依赖于未经证实的假设和习惯，这种做法往往是无意识的决策行为。由于缺乏明确的界定和认知，这种无意识的行为可能会导致价值观念的混乱，从而削弱了教学实践中的育人价值。三个核心点决定了一个人的价值：选择、重视和实践。为了让学生在化学课堂上获得更好的发展，我们必须明确并确立他们与化学课程的关系，以便让他们面临化学难题时有所准备。

当前，高中化学教育存在一个模糊的价值关系问题，即学生对化学学科的发展需求与其他学科的发展需求之间的差异性认识不够清晰。"专门人才"的发展目标旨在通过培养化学学科专业人才来满足发展需求，并从育人的角度出发进行设计。"普通大众"的发展目标致力于培养出一批具备良好素养的公民，以满足他们的发展需求，并以此为基础，推动学术教育的发展。化学作为一门极具价值的学科，不仅有助于学生深入理解其中的原理，还能够激发其创新思维，提升其专业技术水平。这些都有助于他们的职业发展；化学是一门重要的课程，它可以帮助学生培养独立思考、分析问题、解决实际问题的能力，帮助他们在日常生活中更好地处理各种复杂的问题。根据学生的特点和需求，教师应该深入了解和把握化学学科和学生发展之间的差异和联系，以便在教学过程中恰当地处理它们之间的关系。

3. 建构化学学科对学生发展需要的价值关系

所有的价值观念都必须有一个明确的定义，以便为特定的个体和群体提供指导。通过深入探究化学学科的价值，我们有必要更加清晰地定义高中化学课程和学生的价值关系。在所有教育计划中，都应该以学生为根本出发点。学生首先应该成为一个普通的公民，其次才是成为一个具有专业技能和科学素养的专业人才。在初级教育阶段，我们的化学课程旨在帮助学生获得全面的知识和技能，并为他们的未来发展打下坚实的基础，提高个体的身心健康水准是基础教育的核心任务。为了促进学生的全面发展，我们应该建立化学课程与学生之间的价值关系。

（二）审思价值原理，明确育人机制

深入思考价值的本质及其存在的基础原则，可以帮助我们更好地理解学科教育的价值和实施方式。总之，理解学科育人价值是理解育人机制的核心。

1. 学科育人价值的本质

价值取决于客体如何服务于主体，它不仅仅是一种功能，还包含着深层次的意义。了解学科的重要性，也就是理解学科在培养学生的能力方面所扮演的角色。学习的成果不仅取决于学生掌握知识的数量，更取决于他们如何将其转化为能够理解和应用于实际情境的能力。因此，仅仅依靠传授化学知识来提升个人的素养远远不够，真正推动个人成长的关键在于让化学知识以及它所带来的实践经验为个体提供实际的价值。知识的价值可以划分为学术价值和育人价值，前者以知识为核心，后者以个人发展为目标。通过化学知识的传授，我们不仅能够让学生掌握化学作为一门学科的知识，更能培养出具有创新思维和实践能力的人才。如果"特定学生"的需要能够与化学课程相结合，那么它就能够产生真正的育人价值。

许多高中化学老师仍然偏重传授基础知识，将掌握基础化学概念视为培养学生的唯一目标。我们应该将学科的教育价值视作一种获取知识的方式，而非仅仅关注它们对学生的意义。为了改变传统的以知识为中心的教学理念，我们必须重新审视化学教学，应将其视为一个以人为本的过程，让学生从中获得更多的知识，并且能够更好地发挥自己的潜力，从而实现自身的发展。知识论与认识论的最大区别在于，前者未考虑个体参与，它的缺陷在于将知识视为一个可被理解的客观实体，忽略了个体参与的重要性。如果在化学教学中忽略了学生的主体地位，就会导致学习和教学过程始终以知识为中心，这种方式存在着盲目性和机械性。在化学课堂上，我们不仅要深入思考知识本身，更应该深入研究知识和学生之间的价值联系。

2. 学科育人价值的产生

通过将学生的思想、情绪、技能与课堂内容结合起来，我们可以让学生更好地理解课堂内容，提升他们的学习效果；通过将学习内容与实践结合，可以使学生的世界观、思考模式以及行为习惯发生变化，从而实现客体的主体化。价值是由主体与客体之间的关系决定的，更具体地说，是客体对主体产生的作用和影响。通过将学生的主观意识与客观事物相结合，使他们的行为和思维相互影响，达到培养学生全面发展和完成学科教学的最终目的。通过参与各类发展性活动，学生可以获得更多的知识和技能，从而更好地提升自我，并且能够更好地融入社会环境之中，达到主体性和客观性相结合的效果。因此，将主体与客体相结合是达到学科育人目标的关键，这才能真正实现学科育人的宗旨。

通过化学育人实践，我们将掌握化学知识视为最重要的，但不仅仅是单一性的教学目标。我们强调了学生与学科之间的交流，让学生不仅能够掌握知识，还能够参与到课堂活动中来。事实上，这种混乱使得主体和客体、手段和目标之间的功能界限模糊不清，但通过化学实践活动，主体不再被迫遵守客体的规定，而是要求客体自觉地遵守、服从和服务于主体，这样才能让客体真正成为主体。在传统的教室里，由于缺乏让学生参与到课堂活动中来的机会，他们很难真正理解和掌握相关知识。传统的教学方式很难激发学生的创造力和自主能力。除了传统的教学活动，许多教师也会设计其他形式的活动，但这些活动往往缺乏实质性，无法充分发挥学习过程中主体与客体之间的互动作用。在教学过程中，我们应该利用情景来吸引学生的注意力，但同时也要让他们参与到一系列以他们为核心的多样化实践活动中。由于客体与主体之间的相互作用存在着明显的欠缺，这就导致了客体作用无法得到有效的发挥，从而无法充分体现出学科教育的真正价值。

因此，为了培养出有能力的化学学习者，我们必须积极推进主客体相互作用的活动，以促进学生的全面成长。在开展主体客体化活动时，应当牢记客体主体化的原则，而不是通过盲目机械的方式进行。通过培养学生的全面性、多样性和创新性，我们可以帮助他们更好地理解世界，并通过参与主体性的活动来提高学习效率。

（三）完善价值认识，丰富育人内容

价值认识是指教师对化学学科育人价值的认识和理解。通过深入探究和完善教师对学科育人价值的理解，可以为教师提供更多的育人价值内容，从而推动学科育人价值的发挥。

1. 整合世界观的培养

无论是从理论上探索，还是从实际应用中体会，我们都应该从传统的知识认知中提升自己的理解和观念，以便更好地把握学科的核心概念。随着时代的进步，这种新的教学理念已经取得了显著的成功，但我们也应该明白，无论是学术理论还是思想，都应以学生的需求为出发点，进行系统性地组织和整合。

2. 深化思维方式的培养学生

教师在化学课堂上更多强调了辩证思维和模式思维，却忽略了发展宏观-微观思维、系统性思维等更深层次的探究。高中化学教师应该超越传统的知识框架，从宏观-微观和化学系统的角度来深入探究和解决相关的问题，而不是仅仅局限于某一个特定的知识点。为了让学生更深入地理解和运用化学知识，教师们需要不断探索新的思路，根据实际情况，设计出具体的课程内容，使学生能够将所学的知识运用到实践中去。

为了更好地帮助学生发展他们的思维能力，我们应该从两个方面入手：一方面，我们应该认识到思维方式和思维方法之间的差异和联系。思维方式是一种独特的思维模式，它可以帮助人们更好地理解和掌握事物，并通过归纳、演绎、分析、综合等多种方式来实现思维活动。思维方法可以被视为构建思考模型的重要组成部分，但它并非思考模型的核心。人类的思维方式由多种元素组成，包括但不限于思维模式、思考内容以及思维架构。因此，在学习过程中，我们必须牢记，思维方式并非仅仅局限于归纳、演绎、分析和综合，而是要涵盖所有的思考活动。另一方面，为了更好地培养学生的思维能力，我们需要清晰地阐述化学思维的特点。研究宏观-微观思维、模型思维、系统思维和辩证思维，从而可以更深入地洞察化学的本质，更有效地利用这些知识来解决实际问题。

3. 加强行为方式的培养

教师强调了实事求是、基于事实的论证、垃圾分类、资源循环利用以及节约资源等行为，这些行为在"理性决策"和"绿色生活"领域中都起着重要的作用。"科学行动"的挑战性以及其所需的严格的教学标准，让许多教师都感到无从下手，甚至有些人选择放弃，因为他们担心在科学探索和创新方面，自己的知识储备不足，并且在实践中也很困难。"科学行动"无疑为人类的日常生活提供了极其宝贵的指引，它可以激励我们开展具有创新性的实践活动，从而使我们的生活更加丰富多彩。

除了世界观、思维方式等因素会影响人的行为方式，还有其他因素也会对其产生影响，如技能、知识、态度等，这些因素都必须不断发展，才能够真正适应社会环境。因此，通过加强世界观、思维模式的学习，才能够真正掌握并运用适合自己的行为模式。所以，在化学课堂上，应该通过实际的操作来帮助学生培养良好的行为习惯，并不断提高他们的能力。

二、转变育人方式，有效落实育人价值

高中化学课堂上，教师在设定教学目标和选择教学内容时，常常会遇到一些棘手的问题。为了解决这些问题，我们可以从以下几方面入手。

（一）转化教学目标，由知识走向价值

1. 将知识性目标转化为价值性目标

受知识本位教育理念的影响，高中化学课堂将教学重点放在传授知识上，而忽略了培养学生的价值观，从而导致了知识的传播和发展受到限制。在教育过程中，我们应该重视知识的传递，而不是仅仅停留在知识的获取上。教育中的知识主导思想使教学被局限在传授知识上，这种思维方式使"教知识"成为了教学的核心，而忽略了其他有价值的内容。由于缺乏价值性目标，导致了课程目标的缺失。

叶澜提出了一种全新的教学理念，即以"新基础教育"为基础，从全局视角出发，深入探讨"育人"的核心目标，将其转化为学科层面的培养目标，并以此为基础，制订具体的教学计划，以达到更好的教学效果，实现更长久的发展[①]。教师在设计学科课程时，应当从培养学生的身心健康角度开始，着眼于提升学生的学习能力，最终实现学科教学的目标。为了促进学生的全面发展，学科教学应该结合学生的个性，充分利用其培养人才的作用，以达到与社会发展相协调的目的。当前，"思维能力"已被世界各国视为学生素养的重要组成部分，因此，各学科应当根据自身的特点，深入思考如何提升学生思维能力，以及如何更好地实施"思维能力"教学。通过学习化学，我们可以更深入地了解物质的本质，并通过宏观的视角来探索它们的变化，这样就可以培养出具有宏观与微观思考能力的学生；通过观察、体验、分析、探究、实践，让学生深入了解物质的变化规律，培养他们的辩证思维能力，更好地掌握相关知识。

2. 将价值性目标转化为实践性目标

学科育人的核心意义在于实现人的全面发展，也就是提升学生的文化修

---

① 叶澜."新基础教育"论：关于当代中国学校变革的探究与认识［M］.北京：教育科学出版社，2006.

养和道德品质，这一目标具有极高的抽象性。只有将理念和目标变成现实行动，我们才能确保教育的价值得到充分发挥。前文提到的育人目标，由于把抽象的价值观念强行套用到学科教育实践中，导致了目标的模糊不清、目标与实践的脱节等问题。在学科育人的过程中，我们必须确定一些明确的、可行的目标，这些目标应该被视为高中化学育人的核心价值。因此，需要将理论转换成实际行动来实现这些目标。

将价值性目标转变为行动目标可以从三个方面着手：首先，将整体素养划分成具体的活动素养。整体素养包括个人的综合能力和全面发展，而活动素养则涉及个人在特定情境下的行为和态度。这两者共同构成了一个完整的个性。随着活动素养水平的不断提升，人们的整体素养状况也会得到相应的改善，因此，只有通过积极参与各种活动，才能够实现人的全面发展。通过持续的教育，我们可以培养和提升学生的全面素质，但是如果把这些素质当作一个单一的学习目标，就会导致这些目标变得空泛、空洞，难以落实。因此，通过将整体素养细化到每一项具体的行动中，可以更好地挖掘出学科的教育潜力，达到最大的社会效益。此外，还需要注重外在的行为素养。人的素养体现在他们的行为、思维方式以及对社会的贡献上。素养不仅仅是个抽象的概念，它也可以在实践中体现出来。因此，教师必须采取双重手段：一方面，要让学生参与有益的实践提升他们的素养；另一方面，也要根据他们的实际表现，衡量他们的素养状况。总而言之，外部表现可以作为一座桥梁，有助于提升沟通能力并推动教学的实施。因此，将培养学生的能力和技能作为教学目标的重要组成部分，不但可以为达成教学目标提供坚实的基础，也能为达成最终的目标奠定坚实的基础。最后，通过设定合理的活动条件，可以有效地提升学生的整体素养，从而达到预期的目标。经过精心设定的活动条件，我们可以明确目标的实现方式及其可行性。实际上，确定活动条件意味着为达成目标和期望提供一条可行的道路，以便让个人的素养和外在行为得到充分展示。通过将抽象的价值观转化为可行的实际行动，需要明确活动目标、外部表现和条件，并将它们有机结合，以构建一个完整而稳固的目标体系。

（二）整合教学内容，由重专业走向重生活

在化学教学实践中，许多教师更加重视化学概念和原理，忽略了与日常生活息息相关的学习内容，影响了学生的学习效果。事实上，由于偏重学科的逻辑，以及忽略了学生的发展需求，"新读书无用论"的教学内容变得过于抽象，使学生无法获得有效的知识，从而陷入了一种尴尬的境地。由于"科学知识"被视为学校教育的重点，而忽视了对学生"生活世界知识"的培养，这就是"新读书无用论"具有一定市场的原因。我们应该根据学生的个人特点，精心挑选、组织相关知识，并将其融入课程内容，以便更好地帮助学生理解并运用所学的知识。

通过整合化学教学内容，可以让学生更好地理解和应用化学知识，并将其转化为实际的生活经验。由于学科知识、观念和思维是一门学科的根本，它不仅仅涉及理论，还涉及实践，它与学生的日常生活息息相关。为了让学生更好地掌握化学知识，教师应该努力将其融入学生的日常生活，以便让化学发挥其最大的作用和价值。

1. 注重对化学知识生活意义的关注

化学的知识、理论与思考能力对于学生的未来发展至关重要，但这些能力只能作为实现这一目标的工具，而非最终的结果。当前的化学课程重视传授知识，却忽略了深入挖掘知识背后潜藏的实际应用价值。知识的意义是一切事物的根源、功能以及价值，没有对其进行深入的思考，学习者只会获得一些与自身日常生活无关的专业概念和现象。通过学习，我们可以将这些专业知识应用到日常工作中。例如，美国教育心理学家戴维·珀金斯强调，尽管二次方程、统计学和概率学等数学学科的基础知识对于学习者来说至关重要，但"具有生活价值"的技术性内容更具实际意义，它们将会为学习者的日常生活提供极大的帮助[1]。通过深入探索知识的真正含义，我们可以摆脱专业的束缚，重新定义知识的本质，让它们与我们的日常生活、学习者以及社会都紧密相连，从而获得更广泛的价值。德国课程专家罗宾逊曾经提出，为了更好地满足学生的需求，"情境分析模式"和"生活情境"分别指定了四个不同的课题，以便让学生能够更好地理解和掌握知识[2]。美国学者内尔·诺丁斯以"学校应该教授哪些知识"为出发点，进一步深入研究"自我理解""战争心理学""房与家""他人""为人父母""动物与自然"等方面的知识，以

---

① ［美］珀金斯. 为未知而教，为未来而学［M］. 杨彦捷，译. 杭州：浙江人民出版社，2015.

② 张华，石伟平，马庆发. 课程流派研究［M］. 济南：山东教育出版社，2000.

此来揭示个人生活中更为重要的议题[1]。化学作为一门重要的学科，其研究范围涵盖了生命、环境、能源、药物、材料等多个领域，对我们的日常生活起着至关重要的作用。结合实际情况，学生们能够深入了解化学的重要性及其在社会发展中的作用。

2. 由化学知识专业性论题转化为综合性论题

杜威指出，当一个人的社会关系达到一定程度时，他就能够理解他所接受的教育，从而使其具有更多的普遍性质[2]。《哈佛通识教育红皮书》指出"当科学现象越来越远离个人经验，越来越复杂，越来越抽象，就必须从其他背景（即文化背景、历史背景和哲学背景）来学习科学事实。对一般的学生来说，只有这种更为宽广的视野才能赋予科学的信息和经验以意义和永久的价值"[3]。随着学习论题涉及的人类社会活动越来越多样化、复杂，学生的活动范围也会变得越来越广泛，学习成果的可操作性也会越来越强，教育的普遍性也会越明显。比如，"能分析化学在解决能源危机中的重要作用"就提供了一个独特的视角，可以让读者进行更加深入的思考，而"能够分析碳循环与地球生态的关系"则提供了一个完整的框架，可以帮助读者更加清晰地认识到二氧化碳和碳酸盐以及它们之间的相互作用。

3. 由局部理解化学知识转变为整体理解

随着当前化学育人的目标被更加精确地划分到每一节课的教学中，原本的全面掌握知识的要求遭到了削弱，这偏离了培养学生全面发展的教学重心，把注意力放到了更加注重培养学生的专业技能上。随着"大概念""核心概念"以及"核心概念"等课程的出台，学术界越来越重视如何让学习者把握住复杂的学科知识，以便让他们能够把握住全局，并且能够从更广阔的视野出发，更好地发挥学科知识在培养未来人才方面的潜力。

（三）优化教学活动，注重实践活动

通过组织一系列有趣的外部活动，教师可以帮助学生更好地理解课程内

① ［美］内尔·诺丁斯. 批判性课程：学校应该教授哪些知识［M］. 李树培，译. 北京：教育科学出版社，2018.

② ［美］约翰·杜威. 民主主义与教育［M］. 王承绪，译. 北京：人民教育出版社，2017.

③ ［美］哈佛委员会. 自由社会中的通识教育［M］. 李曼丽，译. 北京：北京大学出版社，2010.

容，培养他们的学习能力。学生在学习过程中，主要是通过学术性手段来获取知识和技能。学术性认知活动强调概念化思维、分析化思维和模型化思维，以及归纳、演绎、分析、综合等逻辑思维方法，以便更好地理解和掌握事物之间的关系，从而更好地把握事物的本质。日常的认知活动是一种以观察、模拟、实践为基础的直觉思维，以获取对事物更深刻的理解。当前，高中化学课程的设置更加注重理论与应用，而不是对抽象概念的解读，同时也更加强调学习者在日常生活中的实际应用，以提升学习效果。在基础教育中，过多的学术性理论探究可能会使得化学课程与学生的实际生活脱节，相比之下，日常实践活动更加贴近人们的思维模式，也更能满足他们的实际需求。为了提高化学课堂效果，我们需要创造出更多与日常生活中实际情况相关的课程。为了让教学活动更加注重日常生活，我们应该从两个角度进行改变。

1. 研究转变为实践

"符号实践"被认为是基础教育课程的中枢，其宗旨在于构建并运用符号体系，而"符号研究"则更加注重实际操作，通过深入研究、详细描述和细致检验，最终达成预期的效果。随着符号学的兴起，虚拟现实技术的学习也变得越来越流行，然而，由于它们与我们的日常生活脱节，无法满足基础教育的需求，仅仅是为了满足一些特殊行业的专家学者的需求。通过符号研究，可以更好地理解课堂中的内容，并且更加强调知识的逻辑性、内在联系和深层次的发展，从而提高课堂的系统性和关联性。通过符号研究，可以将课堂内容进行拓展，强调知识的延伸性，并将其与环境相结合，提高知识的传播能力。

教育可以被视为一种独特的认知活动，它不仅体现在目标和对象上，还体现在它所采用的方式上。然而，过分强调认知活动的独特性，可能会导致教学活动偏离日常生活，从而使学习变得更加抽象和不切实际，导致人们所学习的知识与日常生活的出现矛盾。学生们可能仅仅把盐酸和次氯酸钠的化学反应当作知识点，然而，学生不了解当洁厕灵和含氯消毒剂混合使用时，它们的毒性就会变得异常强烈，甚至会危及人的健康；虽然学生们掌握了燃烧的基础知识，但是在面临家庭突发的火灾时，他们依旧可能会感到束手无策。为了更好地推动基础化学教育的发展，我们应当努力避免使用过多的符号研究活动，而是将其知识融入实际的生活环境中，以便更好地传授化学知识。这样，才能创造出更加有趣、贴近实际的课程。为了帮助学生更好地探究问题，我们可以为他们提供一个有趣的讨论话题，鼓励他们参与一系列的活动，如评估论点、搜集数据、进行论证，以此来锻炼他们的逻辑思考、数据整合、归纳总结、推断论证以及沟通表达的能力。

2. 问题解决情境的转变

在日常生活中，问题的情境往往复杂多变，但在课堂教学上，学生们可以通过简化问题来理解知识的关键要点，从而更有效地完成任务。研究表明，将复杂的知识过度简化会削弱学习者的思维能力，从而阻碍他们将获得的信息转换到实际应用上，而导致学习的失败。与传统的线性学习模式相比，采用非线性的弹性学习方式可以极大地提升学生的思维敏捷度，使他们更加具备灵活性，从而更好地处理实际问题。因此，在复杂的环境下进行的学习可以大大提高学生的认知能力、创造性思维以及将所获得的信息转化为实际应用的能力。在复杂的情景下，学习者可以深入探索知识的本质，并将其与实际情况相结合，这样就能形成独特的、富有创造力的思维模式，为他们的日常生活提供更多的支持。为了让学生能够更好地理解化学知识，教师应该改变思维模式，让他们在日常生活中接触到更多的复杂情境。这时，教师的作用不仅仅是传授知识，还要密切关注学生的学习情况，及时指导、激励和帮助他们正确地探究知识，让他们形成一个完整的、全面的认知体系。

综上所述，教育和日常生活应当紧密结合，以达到最佳的教育效果。"教育即生活"和"教育是一种生活方式"等观点认为教育必须从传统的理论转向实践，以便让学生们更好地理解世界，实现学科的最大价值。

参考文献

［1］杨涵雄，李晓军，吕晓燕. 核心素养视域下高中化学教学实践思考［M］.
　　西安：陕西师范大学出版总社，2021.

［2］沈旭东. 社会责任素养视角下的高中化学教学新论［M］. 杭州：浙江工
　　商大学出版社，2019.

［3］王益群. 高中化学教学评一体化指导［M］. 广州：广东高等教育出版社，
　　2018.

［4］孙夕礼. 高中化学教学中的问题与对策［M］. 长春：东北师范大学出版
　　社，2010.

［5］黄玉俭. 高中化学［M］. 银川：宁夏人民教育出版社，2016.

［6］秦丽芳，王守兰. 化学教学与创新模式［M］. 汕头：汕头大学出版社，
　　2018.

［7］刘家言，马丽华，高飞. 化学教学与课堂研究［M］. 北京：北京工业大
　　学出版社，2018.

［8］魏兵，郭玉玮，于俊美. 化学教学策略与案例分析［M］. 青岛：中国海
　　洋大学出版社，2019.

［9］熊言林. 化学教学实验研究［M］. 芜湖：安徽师范大学出版社，2016.

［10］江合佩. 走向真实情境的化学教学研究［M］. 福州：福建教育出版社，
　　2020.

［11］蔺延洁，卫波，杨凤娇，等. 开放性实验在高中化学教学中的重要性和
　　必要性［J］. 云南化工，2023，50（2）：153-154＋173.

［12］刘敬华，丁伟，李艳灵，等. 高中化学教师教学设计能力现状及其影响
　　因素的调查研究［J］. 教育理论与实践，2022，42（32）：30-34.

[13] 夏铭璟，王靓，卫艳新，等. 核心素养下 STSE 教育理念在高中化学课堂中的应用研究［J］. 云南化工，2022，49（11）：149-151.

[14] 赵静."课程思政"视域下高中化学教学中国家认同素养的培养策略［J］. 甘肃教育研究，2022（10）：99-102.

[15] 余启梁. 高中化学课堂教学中教学评一体化教学实践［J］. 西部素质教育，2022，8（20）：175-177.

[16] 黄恭福，邹海龙，胡萍，等. 基于学科育人的高中化学实验教学研究与实践［J］. 化学教学，2022（9）：64-69.

[17] 郭文辉. 认知弹性理论背景下的高效课堂构建——以高中化学教学为例［J］. 现代盐化工，2022，49（3）：137-139.

[18] 郭瑞祥. 高中化学翻转课堂教学模式初探［J］. 现代农村科技，2022（4）：80.

[19] 张志睿. 高中化学教学中学生迁移能力的培养策略［J］. 现代盐化工，2022，49（2）：125-126.

[20] 武晓燕，张华荣，袁东霞，等. 高中化学情境式教学设计探究［J］. 河北北方学院学报（社会科学版），2022，38（2）：103-105.

[21] 黄甜甜. 思政视域下翻转课堂在高中化学实验教学中的应用［D］. 阜阳师范大学，2022.

[22] 白雅婷. 基于项目式学习的高中元素化合物教学设计与实践研究［D］. 阜阳：阜阳师范大学，2022.

[23] 任玲玲. 素养为本的高中化学情境教学案例开发与实践研究［D］. 阜阳：阜阳师范大学，2022.

[24] 文静. 培养高一学生化学概念学习兴趣的实践研究［D］. 汉中：陕西理工大学，2022.

[25] 周红. 初高中化学实验衔接教学实践研究［D］. 桂林：广西师范大学，2022.

[26] 覃冬菊. 核心素养视域下高中化学生活化教学研究［D］. 桂林：广西师范大学，2022.

[27] 王晶晶. 高中化学课堂教学中学生参与度及其影响因素的研究［D］. 通

辽：内蒙古民族大学，2022.

[28] 张云. 素养为本的高中化学课堂教学情境研究 ［D］. 济南：山东师范大学，2022.

[29] 张蕾. 教学生活化视阈下高中化学项目式教学实践研究 ［D］. 聊城：聊城大学，2022.

[30] 赵晓庆. 问题情境式教学在高中化学复习中的应用研究 ［D］. 张家口：河北北方学院，2022.